U0863431

改变了家庭就改变了世界

父母是最好的治疗师

如何面对自闭症儿童

王剑飞◎著

当代世界出版社
THE CONTEMPORARY WORLD PRESS

图书在版编目（CIP）数据

父母是最好的治疗师 ：如何面对自闭症儿童 / 王剑飞著. -- 北京 ：当代世界出版社，2020.10
ISBN 978-7-5090-1390-8

Ⅰ. ①父… Ⅱ. ①王… Ⅲ. ①孤独症－儿童教育－特殊教育 Ⅳ. ①G766

中国版本图书馆 CIP 数据核字（2020）第 140385 号

父母是最好的治疗师：如何面对自闭症儿童

作　　者：王剑飞
出版发行：当代世界出版社
地　　址：北京市复兴路 4 号（100860）
网　　址：http://www.worldpress.org.cn
编务电话：（010）83907332
发行电话：（010）83908410（传真）
13601274970
18611107149
13521909533
经　　销：全国新华书店
印　　刷：北京楠萍印刷有限公司
开　　本：880 毫米 ×1230 毫米　1/32
印　　张：11
字　　数：199 千字
版　　次：2020 年 10 月第 1 版
印　　次：2020 年 10 月第 1 次
书　　号：ISBN 978-7-5090-1390-8
定　　价：60.00 元

如发现印装质量问题，请与承印厂联系调换。
版权所有，翻版必究，未经许可，不得转载！

序

我之前从事了30多年的法律工作，做过法官，做过律师，对人性有了一定的了解。2002年，机缘巧合，让我开启了心理学的学习，到现在快20年的时间了。2008年，我正式开始心理咨询和家庭治疗的工作。其间，接触了大量的心理学个案，掐指算算，到现在大概有8000小时的心理咨询累积。在我接触的这么多的个案里，让我触动最大的也许就是自闭症了。

很多年前，在我还没有接触心理学的时候，我一个朋友的孩子被诊断为自闭症，但他从来都不会告诉别人，只是把孩子圈在家里，请人看护或者自己在假期时与太太轮流看护。直到后来孩子的症状加重，出现了打人的攻击行为时，他不得不辞去工作，专职在家里看护孩子。但不久悲剧就发生了，他因实在无法忍受看护孩子所带来的疲惫和消耗，突患心肌梗死先于孩子去世，从此，孩子的症状也随之越发严重。这个故事，让我久久不能平静，以至于我曾一度会和很多家长一样，一旦提起自闭症，就会被吓到，要么认为终身不可治愈，觉得无药可救，把它视为绝症；要么就与痴、呆、傻、愚、躁等负面的词汇联系在一起；要么就和阿斯伯格、遗传基因染色体、神经发育等专业术语结合在一起，让人感觉绝望和冰冷。在我学习和从事心理工作之后，接触了很多自闭症的家庭，发现心理学可以真切地帮助、支持甚至改变这些家庭，无论是父母的情绪和压力管理，还是亲子关系、养育方法等多个方面。

那么，如何站在一个新的视角认识自闭症，如何让自闭症家庭在绝望中感受温暖，在无助中看到希望，这是我作为一名心理咨询师致力于完成的一项长期任务。特别是自2018年我被邀请负责深圳市南山区自闭症家庭心理关爱工作以来，对自闭症儿童和家庭又有了更加深入的了解，他们的家庭结构、养育方式、养育模式以及孩子的外在症状，都让我对自闭症的认识更加立体，也引发了我对自闭症成因的更多学习和探索，也希望从自闭症的症状到自闭症的治疗和康复方面，能给家长们提供更多、更加切合实际的理论指导和方法指引。因此，在参考大量的自闭症文献的学习中，完成了这本书的创作。

我不是自闭症的理论和科研工作者，所以，这本书不是理论和科研方面的专业书籍。在写作过程中，我参考了《变态心理学》《孩子的世界》等著作中所列举的文献数据，只是我没有逐一列出参考文献的索引。我只希望这本书是从一个心理咨询师的角度，带领家长从为人父母的角色来阅读和解读自闭症，而不是站在专业角度去进行研判，目的是让每个家长把孩子当成一个活生生的生命来看待，而不是把孩子当成“有病”的人。我希望让家长们暂且放下孩子的症状带给他们的焦虑和担心，这样会让每个自闭症孩子第一时间感受到父母的温暖和放松，也会受到包括父母在内的其他人对他们人性的尊重。因此，我试图把作为一名心理咨询师从业15年来的学习收获和实践经验，一同分享给自闭症孩子的家长，期待我们共同学习和探索，给自闭症孩子在未来的治疗和康复上带入一线曙光。

本书在后期校稿中，获得了刘俊丽、张建喜、李博、姚舜天、李文涛、潘雪娇的大力支持，他们提出了很多的宝贵意见，让本书的观点变得更加丰富和立体，方法更加落地和有操作性。在此一并表达我对他们的由衷感谢。

本书能够出版，要特别感谢深圳市南山区残疾人联合会和深圳市南山区慈善会的鼎力协助。他们拨付专项慈善基金，支持深圳市南山区自闭症家庭和有需要的残障家庭，享受政府惠民工程和特殊关爱福利，让深圳市乃至全国的自闭症家庭共享这份特殊的政府关爱和慈善关怀礼物。

对自闭症儿童和家庭的工作是一项长期复杂而艰巨的任务，需要每一个心理学工作者付出专业的努力和持久的爱心，也更需要每个家长抱着强大的耐力和永恒的希望来和我们一起前行。

无论前方有多难，只要内心相信，希望就在眼前！

王剑飞

2020年5月20日于深圳

目　录

第一部分

自闭症心理社会成因的探索

1. 自闭症要从生命早期开始评估

春节期间，我看了一本书，这本书的名字是《变态心理学》。

这本书其中一个作者叫V. Mark Durand，中文名字叫杜兰德。他是自闭症谱系障碍领域的世界级学术权威，是美国自闭症联合会专家顾问委员会委员和积极行为支持国际联盟会主席团成员，是非常重量级的一个自闭症专家。

我在这本书上首先看到了他在2014年发表的一个观点，他说在发展心理病理学中，儿童期是非常重要的，因为在出生后的前几年里，大脑持续发生着巨大的变化。同时，这个时期也是发展社交情感认知以及其他重要能力的关键期。在此期间，儿童通常都是先发展一种技能，然后再习得下一种技能。尽管这种变化模式只是发展的一个维度，但此刻，它的确是一个非常重要的概念，因为这一序列性特征，意味着早期技能发展一旦出现问题，就会影响后期技能的发展。所以有一些研究者就认为，患有自闭症谱系障碍的人，是早期的社会化发展出现了问题，而这些问题又阻碍了他们建立重要的社会关系，甚至是与父母的关系。这就意味着，如果一个孩子被诊断为自闭症谱系障碍（在DSM-5标准公布之前统称自闭症，以下简称自闭症），那么我们首先就要聚焦在孩子早期的社会化发展上思考，也就是孩子的童年期。

基于这个观点，有三个非常重要的思考需要跟大家一起讨论：

第一，你的孩子内心的重要人物是否建立，而这个重要人物如果建立了，是我们做父母的妈妈和爸爸吗？如果不是父母，孩子心中这个重要人物，又会是谁来充当的？

第二，如果这个重要人物建立了以后，跟孩子之间会发展出怎样的关系来促进孩子的社会化人际发展？这个关系是不是孩子所需要的？是不是孩子所渴望的？是不是孩子能够把这样的关系放到他后续的成长当中，而成为他心理营养很重要的一个获得关系？

第三，如果孩子没有建立重要人物和发展出与重要人物的关系，那孩子从出生到后续的养育中又发生了什么？

基于上述三点思考，我想邀请每一个家长回顾一下你的孩子在这三个部分上做得怎么样。从这一节开始，我们就一点一点展开讨论，究竟是哪些因素影响了孩子的发育和发展。当我们找到这些影响孩子发展的因素时，我们在孩子后续的康复治疗上，就获得了新的认知和新的方法。

按照杜兰德的观点，自闭症患者的一种定义，就是他们不能发展与年龄相符的社会关系。在自闭症孩子后续的康复治疗中，我们每一个家长，不仅要关注孩子的生物因素、生理因素，重要的一点就是还要关注孩子的心理和社会文化因素。而涉及到心理和社会文化因素，杜兰德的一个重要观点，就是要引入家庭治疗。这在目前国际上治疗自闭症的方法上已经成为共识性的观点。因为一个生命的诞生来源于家庭，又成长于家庭，所以，家庭对于每个生命个体都成为心理、社会、文化发展的不可或缺的重要环境。而家庭治疗就是把父母的因素、养育者的因素和家庭的系统因素全部带入到孩子的后续治疗和康复当中一起评估。

2. 谁是孩子的重要他人

我在上一节中谈到一个孩子社会化的发展，离不开他的重要人物以及重要人物和他的关系。我们这一节就聚焦在这个重要人物的概念跟大家再做一些讨论。

首先，谁是孩子心中的第一个他人或者重要人物呢？

不言而喻，一个生命的诞生离不开母体。所以，第一个重要人物，不出意外，一定是孩子的妈妈。

那么我们就邀请各位妈妈来回顾一下，在你的孩子从出生到后续的养育是不是由您这样一个妈妈亲自完成整个过程的呢？而这个过程，是否对孩子产生了影响？我们需要考量的是，妈妈跟孩子的稳定性够不够，安全性够不够，可持续性够不够。而这三个部分就决定了孩子能否在心中建立一个由妈妈带给他的安全基地的这样一个概念。如果这个安全基地建立起来了，孩子的后天发展就会在安全的心理环境下顺利发展他的社交、认知和情感。否则，就会受到或多或少的影响。关于这个部分的理论，我们可以通过英国依恋关系理论学者鲍尔比和安斯沃斯的著作进行更加详尽的了解和学习。依恋理论认为，母婴关系当中的母亲人物是至关重要的。当母亲能够在婴儿期和儿童期带给孩子非常稳定的安全情境下的哺育、抚育和养育的话，孩子内心的安全感就是足够的，这对孩子后期的社会化的发展，包括孩子重要的人际关系培养和发展是非常有帮助的。

其次，我们要问的就是，如果妈妈不是在孩子出生以后一直抚养孩子的重要人物，那谁会成为孩子心中的重要人物呢？

有的时候，我们也许自然而然地会想到爷爷奶奶或者外公外婆，或者爸爸。如果是这样的话，我们要问的就是孩子内心接受吗？如果孩子内心可接受，是奶奶、外婆、爷爷、爸爸在抚养我，但是他们对我足够好、足够稳定、足够安全、足够可信任，而且又足够持久吗？孩子也许慢慢地会在他的心中建立起一个重要人物的概念，这个人不是妈妈，但胜似妈妈。所以孩子慢慢地就会和这个人建立像和妈妈一样的重要关系。从而孩子会带着这种像母婴关系一样的感觉，来发展和完成他的心理和神经发育过程。

第三，我们需要问的是，如果孩子既没有妈妈陪伴在身边哺育和养育，又没有像妈妈一样的奶奶、外婆、爷爷和爸爸这样的养育者提供长期稳定的抚育和陪伴，那么这个孩子是不是被轮流地放到每个养育者的家庭进行“走亲戚”式的养育？也就是说，孩子一段时间被放在奶奶家照看，一段时间又轮换到外婆家照看；或者由奶奶和外婆在不同时段来到孩子的家里照看；或者在不同的时段由不同的保姆或者在不同的环境轮流照看。如果这样的话，对于孩子来说又意味着什么呢？这对孩子内在安全基地的建立和后期社会化发展又会产生怎么样的影响呢？当孩子在这样的养育环境中一天天长大，孩子对于“母亲人物”的这样一个客体的恒定性就会产生疑问。孩子在想究竟谁是我的妈妈呢？究竟我该相信谁呢？谁才是真正爱我的那个“妈妈”？所以在孩子后期基于安全感的社会化发展中就会带来一些影响。对照自闭症的一个症状就是，当看到一个孩子的社会化人际关系和沟通出现障碍时，我们不妨从上述讨论中获得其中一个自闭症成因的答案。所以，如果母亲或者母亲人物对于孩子来说是很恒定、很安全、很持续的话，对孩子后期的社会化的发展会有非常大的帮助。

3. 孩子需要怎样的亲子互动关系

一个很确定性的结论告诉我们，孩子的人际关系是从生命早期与母亲或者母亲人物的关系中复制和发展而来。所以，如果一个孩子在人际关系或者沟通中出现困难或者障碍的话，我们就需要回顾和检查一下孩子和妈妈或者母亲人物的互动关系了。无论是杜兰德还是依恋关系专家，他们都认为母婴依恋关系对孩子后期的发展是非常重要的。

关于母婴互动关系，我想从三个方面带领家长朋友做一些思考和核查。

第一，我们需要核查的是，孩子和妈妈之间的关系是不是安全和可信任的互动关系。

我们邀请妈妈回顾的是，在孩子婴幼儿期，当孩子需要妈妈的时候，妈妈有没有给到孩子一个即时的回应。回应对于孩子在婴儿期的发展是非常重要的，也就是当孩子饿了、渴了、热了、冷了、拉了、尿了的时候，当他用哭声或者声音传递这些信息的时候，妈妈有没有在第一时间来回应孩子。如果妈妈或者母亲人物及时回应，孩子就可以看到妈妈或者母亲人物的温暖、喜悦、柔和的面部表情，听到亲切熟悉的回应声音，孩子内心就会产生喜悦和快乐。他会从妈妈回应的表情和声音中学习互动技能，继而会落实在他后续的人际关系体验和实践中，从而感受到自己是被爱、被呵护的。如果有的妈妈或者妈妈之外的养育者，在听到孩子用哭声传递上述信息的时候，非但不能积极回应，反而要么置若罔闻，要么抱怨指责，对于孩子来说，就会引发内心烦躁或者愤怒，但孩子只能继续用哭声来表达这些负面情绪，孩子就会觉得这个妈妈不爱他，这个妈妈不可信任，这个妈妈对他不好。所以，当孩子一天天长大时，就会看到孩子和妈妈关系的疏离和纠结。因此，对孩子的哭声，妈妈需要非常敏感地识别其中所传递的信息。如果妈妈或者母亲人物足够敏感的话，在孩子心中就会很快建立安全和可信任的母婴互动关系。

第二，我们需要核查的是，妈妈或者母亲人物跟孩子之间的关系是不是持久恒定的。

也就是说孩子在婴幼儿期，妈妈或者母亲人物是不是长期不间断地陪伴在孩子身边。所以我们要检查，妈妈在孩子小的时候，是不是在外地打工；是不是经常去外地出差；是不是常年出国留学或者在国外工作；是不是常常值夜班；

是不是一段时间在实验室完成课题；是不是由于身体原因经常住进医院；是不是与配偶两地分居等。如果这样，孩子就会像留守的孩子，长期见不到妈妈，妈妈也不得已把孩子放到其他人身边，由其他人来代养。这样带给孩子的影响，就是孩子会经常想妈妈、经常哭、经常不开心，内心会很孤独难过。孩子会认为妈妈不爱他，抛弃了他，妈妈的工作重要而他不重要。所以，很多时候，我们会看到妈妈偶尔放假回来看孩子，孩子只能获得短暂的母子团聚，而最让人揪心的就是，妈妈用“躲猫猫”的游戏骗取孩子信任而离开孩子，当孩子张开眼睛看见妈妈又不见了的时候，那种撕心裂肺找妈妈的呼喊和哭闹就会出现。这样的画面要么只能用哭到睡着了的样子来结束，要么就用永远都不再理妈妈而告终，从而在孩子和妈妈之间就形成了一种回避型的亲子互动关系。随之而来的，我们也需要评估孩子与养育者、照料者的互动关系，是不是也复制了这种回避型的互动关系。有的孩子，即使养育者、照料者对他像妈妈一样亲密，但孩子也还是跟他不能建立安全信任的关系。这也许就是孩子心中那份早期的心理创伤所产生的影响。他不会相信任何人不会离开他，也没有能力让自己有任何选择不让那个人离开，更何况还有很多的养育者和照料者无法像妈妈一样照料孩子。所以，孩子的选择是，妈妈不要离开我，不要常常离开我，不要欺骗式地离开我，不要把我送到陌生人家里，即使是奶奶或者外婆，也不一定是我喜欢和选择的，我要的是妈妈。因此，安全和可信任的互动关系对于孩子后天的社会化互动关系的发展是非常重要的。

第三，我们需要核查的是，妈妈与孩子之间的互动关系是不是带有冲突和矛盾性的。

这种互动关系，有的时候会指向妈妈很多的情绪或者情绪化。妈妈的情绪化就是常常把负面情绪带给孩子，或者把孩子当成情绪垃圾桶，让孩子不能识别妈妈什么时候发脾气，什么时候把他当成无辜者或者受害者？孩子也不能完全享受妈妈全然的喜悦和兴奋，担心妈妈会突如其来让情绪暴风雨般袭来。而妈妈无论是因为工作或者生活压力，或者因为与配偶的关系，或者因为与像婆婆这样家庭成员的关系，或者因为与自己父母和兄弟姐妹的关系，都会常常引发妈妈的脾气，而当妈妈脾气上来的时候，往往最直截了当的方式就是对孩子发火。所以，孩子无法识别妈妈究竟是不是真的爱他，爱他为什么要骂他，打他？他要不要亲妈妈，抱妈妈，靠近妈妈，跟妈妈撒娇？这种互动关系，会让孩子形成一种信念，就是孩子不知道怎么办才是好，孩子有时就会出现挣扎。久而久之，孩子也会在这种矛盾和冲突中发展出自己与妈妈的纠结关系。随着自己一天天长大，就会把这样的互动关系复制到与其他人身上，进而影响了孩子人际关系的健康发展。

4. 孩子的生命是带着祝福来到这个世界的吗

一个生命的诞生，我们要考量的是母亲对这个生命是不是抱有期待的。生命里所有的期待聚焦到妈妈身上也许是从受精卵形成开始的，也就是从生命体开始被孕育的那一刻。母亲是否对这个生命体带着爱，带着盼望，带着渴望，对这个生命体至关重要。如果一个母亲把很多的爱，很多的渴望，很多的希望赋予这个生命体，那无疑这个生命体接收的信息就是我是重要的，我是被期待的，我是被爱着来到这个世界上的。关于这一点，在心理学上有很多的研究证明一个胎儿的生命胚胎形成，蕴含着很多母亲对这个胎儿的希望。

所以我们邀请父母做的第一个考量因素是，妈妈在怀孕的时候，心情是不是开心的、兴奋的和喜悦的，而且妈妈对这样一个生命体是不是抱有深深的愿望和期待。

第二个邀请妈妈考量的就是当孩子出生以后，孩子和妈妈之间的互动关系，怎样可以让孩子觉得妈妈是亲他的爱他的。而评估妈妈对孩子的亲和爱，核心的因素就是要看妈妈和孩子的肢体接触够不够充分。肢体接触会表现在几个方面，一个就是孩子出生以后，妈妈跟孩子在一起的时间够不够，而在一起的时间又要看妈妈在养育过程中的搂、抱、抚摸、亲吻等是不是每天都发生。这是一个孩子天然感受和享受妈妈亲他爱他的最直接和直观体验。我们常常说“亲爱的”，其实亲永远在爱之前。对于一个孩子来说，肌肤之亲在生命早期是非常重要的。如果一个孩子感受到妈妈跟他很亲，他就可以随时扑向妈妈的怀抱，随时走近妈妈，然后他也允许妈妈随时牵他的手，摸他的脸，接触他的皮肤和他的身体。他和妈妈这种社会化亲密关系就此形成并确立，继而可以发展到他与他人的社会化人际和情感互动关系。

另外一个我们要考量的，是关于亲的延展的发展。第一，妈妈每次跟孩子讲话的时候，有没有时时刻刻都能看着孩子的眼睛讲话。第二，无论孩子用哭声，或者用语言来表达他的需求的时候，妈妈在即时的反应中是不是既有身体的走近，还有声音的伴随，走近他时还要看着他的眼睛说话。如果这样的话，久而久之，孩子就会从妈妈的眼睛和声音中感受到妈妈的爱。第三，妈妈走近孩子的时候，是不是蹲下来带着温暖的表情跟孩子一起说话。当孩子看到妈妈这张温和、友善、可亲、可爱的脸的时候，孩子会自然产生亲近感。孩子就会觉得，我在妈妈心中是可亲的，妈妈跟我也是可亲的；我愿意走向妈妈，妈妈也愿意接触我、拥抱我，妈妈就给孩子后天的人际关系发展做了一个很好的榜样。孩子在跟他人建立关系的时候，就学会了可以用眼睛来看，用肢体来接触，用表情来传递信息。否则，孩子也许就会发生在人际交往中不能用眼睛对视，不能用身体接触，以及不能用肢体语言来表达和传递信息的自闭症症状。

5. 孩子的肢体语言是怎样发展出来的

有统计数据表明，大约25%的自闭症谱系障碍患者没有发展出足够的熟练的肢体语言来有效地表达他们的需求。心理学家也曾经提出过一个观点，他们认为自闭症的成因可能与缺乏自我意识相关。所以我想把这两个因素结合在一起，就母婴关系和自我发展的关系做些探索和讨论。

上一节我们谈到孩子希望跟妈妈建立一种安全和可信任的关系。如果妈妈跟孩子之间通过皮肤接触和身体接触建立了亲的关系，那么，孩子关于亲的记忆就迅速发生，然后孩子就自动化地把这种亲的感觉储存在身体细胞里。从此，孩子不但头脑里知道妈妈是爱他的，而且是全身心地感知妈妈是爱他的，在他的身体里自然散发着被爱的体验。我们今天看到成人之间的拥抱亲吻，无一不是从童年期习得的爱的能力和体验发展而来。

孩子肢体语言发展的第一个部分，是孩子在前语言发展初期，有没有伴随着妈妈的回应发出咿咿呀呀的声音，而这个回应既是模仿式的，也是跟随式的。如果妈妈的回应也跟孩子的咿咿呀呀的声音是同频的，孩子自然就发展出听觉和感觉统合的能力，这种能力也会和眼睛的跟随、身体的驱动一并发生。

孩子肢体语言发展的第二个部分，是妈妈的表情对孩子的后天影响。如果妈妈每次回应孩子的表情，都是看着孩子的，都是即时的，都是温暖的，都是呵护的，都是可爱的，都是柔性的，孩子就会习得同样的表情用在后续的社会化发展当中。这是推动孩子运用肢体语言来建立互动关系非常重要的基础。

孩子肢体语言发展的第三个部分，就是孩子接受母乳喂养是否充足。奥地利心理学家弗洛伊德曾提出过口欲期发展的理论。这个部分和妈妈给孩子提供母乳喂养相关。母乳喂养一部分满足孩子安全感和依恋的需要，而另一部分也推进孩子的语言发展。如果母乳喂养足够的话，孩子的口欲期发展是完整、完全的，是充分和丰富的。如果母乳喂养不够，妈妈也没有及时补充替代奶嘴，再加上妈妈跟孩子的表情活动也不够充分的话，就可能会影响到孩子的语言和沟通能力的发展。

如果妈妈在孩子婴幼儿期带给孩子良好的哺育和抚育，孩子的自我发展就会朝向“我是值得的，我是被爱的，我是有价值的，我的生命是有意义”的方向发展。这些能力会随着孩子年龄的变化一点一点融入到他社会化的关系里，从而推动他的人际关系、沟通能力、认知、情感的健康发展。换句话说，孩子在成长的每一步，都能够踩在起跑线上。

6. 爸爸能否成为孩子心中的母亲人物

这一节我们的聚焦点落在爸爸身上。

我们之前只讲孩子和妈妈所建立的安全可信任的互动关系对孩子后天发展的影响。那么，我们能否换一个角度看看爸爸能否替代妈妈，或者像妈妈一样也会与孩子建立同样的互动关系呢？答案是肯定的。

我之前谈到母亲人物时就讲到，一个孩子出生后，妈妈一旦因为疾病、产后抑郁、工作、离婚，甚至死亡等特殊原因不能亲自抚养孩子，那能不能由爸爸替代妈妈而成为孩子心中重要的母亲人物，从而跟孩子建立起这种安全和可信任的互动关系呢？

我先分享一个案例，是我最近接触的一个家庭，这个家庭刚刚诞生了一个婴儿。到我写这一节为止，这个婴儿刚好100天了。婴儿是顺产出生的，出生以后在月子中心由月嫂来照看一个月，一个月后跟随妈妈回家，家里有爸爸、外婆、外公一起照看这个婴儿。这个婴儿在这100天内，就发生了一些变化，妈妈告诉我，孩子从月子中心回来之后，总是哭，经常晚上哭。她不知道什么原因导致孩子会哭，而在月子中心就不会哭。

这里就涉及孩子出生以后的适应环境问题。孩子出生以后第一个要适应的环境就是子宫外的环境，这个适应至少需要一周的时间才能完成。第二个要适应家里的环境和月子中心环境的不同。如果已经在一个月内适应了月子中心的环境，那么当他回到家里的时候，环境发生改变，所以，孩子就要再进入一个新的适应期才可以适应家里的环境。而在这个期间，孩子会试着适应来自妈妈、爸爸、外婆、外公的带养方式，以及他们的身体柔软度、体温、体味和家里的室温、光线、气味等，当他的身体开始慢慢熟悉并接受了新的环境，他就可以感受到安全，并且可以安心吃、睡了。

接着这个妈妈又跟我说了另外一件事。她说这个孩子回来以后，就愿意趴在妈妈的肚子上，或者趴在外婆的肚子上睡觉，一旦把他放在婴儿车里边就会醒，这是为什么？

这又涉及到婴儿身体灵敏度的发展了。我告诉这个妈妈，婴儿会感知母体的恒温，而这种恒温，加上母亲身体的柔软，是孩子最为熟悉的。如果孩子出生以后不能接受到这种像妈妈母体一样的恒温环境，而让他在没有温度的婴儿车里睡觉，婴儿在温度上的感知就发生了变化。所以，婴儿只选择妈妈这样温暖柔软的怀抱来获得他最需要和最恰当的哺育，才能收到这种最天然的母爱。

这个妈妈又问了我另外一种情况，她说孩子在哭的时候，只有爸爸抱他时他会迅速不哭，而妈妈抱、外公抱、外婆抱他，他都一直在哭。这是为什么？然后妈妈还补充说，爸爸过去从来没有抱过孩子。

这就回到我们今天的主题上了。妈妈首先是孩子当然的重要他人，但是，一旦妈妈因为各种原因不能即时养育孩子的话，我们就要考量，爸爸能否替代妈妈来养育孩子并收到同样的养育效果。所以，我们需要与爸爸核查和评估的第一个因素，就是爸爸对这个婴儿是不是抱有着希望和期待而让他来到这个世界上的，如果是的话，这个婴儿就会从生命底层收到爸爸发自内心的爱和一份对生命的盼望和祝福。所以，当孩子需要爸爸替代妈妈成为照料者和养育人的时候，孩子就会自然而然获得爸爸对他的呵护和爱。而这种纯然的爱，婴儿时刻都会在他生命的每一个细胞里收到和感受到。所以爸爸过去虽然不会抱孩子，当今天这个小孩诞生了以后，就会激发他生命底层的爱，从而让婴儿全然接受。第二个因素，就是爸爸虽然不具备哺乳功能，但也能够让孩子想喝奶的时候获得即刻满足，如果爸爸能够发展出来即时的回应，温暖的表情，轻柔的爱抚，即使使用替代奶嘴哺乳孩子，对孩子后天的发展也不会产生大的影响。第三个因素，要看看爸爸给孩子陪伴的时间是否足够。如果一个爸爸在妈妈不在孩子身边的时候，能够花更多的时间来陪伴孩子，陪孩子说话，看绘本，讲故事，玩玩具，那么，爸爸会迅速成为孩子心中需要的母亲人物，从而会像妈妈一样跟孩子建立起安全可信任的人际互动关系。

7. 孩子需要怎样的照料者

如果妈妈因为特殊原因不能完成孩子出生以后的哺育和抚养，那么，孩子可能会交给其他人来养育。这个其他的照料者也许是奶奶、爷爷、外婆、外公，也许是像保姆一样的其他照料者。那么，孩子喜欢和接受怎样的照料者呢？而照料者又是否可以成为孩子心中的重要他人而完成孩子的社会化成长的发展需求呢？

答案是，一个好的照料者，无论是男性还是女性，无论是自己家族里边的人，还是像保姆一样外面的人，都是可以跟孩子建立起安全可信任的关系的。

心理学家曾经指出，婴儿是渴望交流的生命，他们强烈地希望与他人交流。我们通过婴儿在不同时间的需求，就可以看出婴儿是怎样发展出社会人际关系的。

一个月大的婴儿，会聚精会神地盯住母亲的脸。两个月大的婴儿会更主动地以积极的情绪回应母亲的情绪反馈。

而到三个月的时候，婴儿就开始变得更容易接近和更喜欢玩耍。

从中我们就可以看出婴儿与母亲的互动关系会带给孩子一些成长的变化。所以，母亲是重要的。

如果照料者不是妈妈，而由其他照料者照顾养育孩子，我们会如何评估其他照料者是否可以替代妈妈而成为孩子所需要的重要他人呢？

第一，我们需要评估的是其他照料者在孩子出生后至少一年半的时间里，是不是可以持续稳定地陪伴在孩子身边，跟孩子一起成长。而这个期间，孩子非常需要一个稳定的客体来让孩子获得安全和可信任的养育。否则，孩子心中这个客体就会发生混淆或者紊乱，继而就可能发展为离群索居、情感淡漠和内外在孤独的人。

第二，我们需要评估这些照料者是不是从内心由衷地爱孩子。我们看到有一些爷爷奶奶外公外婆选择替代妈妈来照顾孩子，也许他们的选择是不得已而为之，也许因为身体健康状况不适合，也许他们还要同时照顾其他子女的孩子而疲惫不堪，从而应付了事、情绪多多。一旦出现这些代养情况，孩子就收不到这些养育者带给他们的爱，孩子也很少能够看到这些照料者带着爱和温暖、接纳和支持的笑容，所以孩子有时就会收到自己是多余的、被嫌弃的信息。这对孩子后天的社会人际关系的发展和情绪的发展都将产生一系列的影响，孩子有时就会陷入自闭的应对状态，有时甚至装作自己不存在。

第三，如果照料者是请来的保姆，我们需要评估的是，这类照料者是日间照料还是全天照料，如果是日间照料的话，孩子几乎不太可能把这样的保姆当成心中的重要他人。所以，即使有日间照料的保姆，还要给孩子选择特别在晚上睡觉时能够陪伴在身边并能够持续带给孩子安全感的重要他人，孩子才可能在后续的发展中不受太多影响。

8. 心理学家是如何看待自闭症的

这一节我想把世界各国心理学家研究母婴依恋的学说，尤其是依恋的长期效应的理论介绍给大家，增加父母们关于这个部分的认知。

1997年，心理学家提出了安全型依恋主要影响情绪、社会化和认知能力的观点。他们认为，儿童和养育者之间的依恋类型越接近安全型，便越容易与其他人形成良好的关系。从这个理论出发，我们就可以为自闭症孩子的人际关系发展障碍找到根据。心理学家认为，如果儿童在婴儿期有一个安全基地，能够信赖父母或者照料者的回应，他们有可能会获得足够的自信去积极主动地探索世界。所以有的时候，当我们看一个孩子探索世界的好奇心和热情不够，我们从这个角度也会找到原因。还有的心理学家认为，在学步期，安全型依恋的儿童比非安全型依恋的儿童的词汇量要大，词的种类也更丰富；他们与同伴之间的互动更加积极；他们的友善也更容易被接受。这也是在1997年的一个研究中提出的，然后他们认为，非安全型依恋的孩子学走路的时候通常会表现出更多的恐惧、悲痛和愤怒，而安全型依恋的儿童则更加欢快。心理学家还认为，在3到5岁期间，与非安全型依恋的儿童相比，安全型依恋的儿童可能表现出更强的好奇心、同理心、复原力和自信心，并且与其他儿童相处得更好。在5岁的时候，安全型依恋的儿童会表现出很少的情绪和行为问题。这是世界各国心理学家分别在1986年、1979年和1992年得出的研究成果。他们认为安全型依恋的儿童与父母、幼儿园老师、同伴的互动更加积极，并且能够较好地理解冲突，他们的自我意象也更积极。所以，我们从自闭症孩子自我意象的建立以及如何理解关系和关系中的冲突上，就可以从这里找到原因和答案了。心理学家认为，6岁时候的依恋类型、和母亲互动的情感质量，可以共同预测8岁时的交流技能、认知卷入和掌握动机的强度。他们认为安全型依恋为儿童建立亲密的友谊关系奠定了基础。在童年中期和青春期，安全型依恋的儿童更易于拥有较为亲密和稳定的友谊。所以我们邀请家长朋友做些回顾，看看在过往的养育中，你是如何跟孩子形成上述互动关系的，这为我们对孩子人际关系和沟通能力的发展会做出更好的评估。

9. 母婴之间回避型互动关系是如何发生的

这一节我们聚焦到孩子和妈妈之间建立互动关系的第二种类型，也就是回避型的互动关系的探讨上。

每一个妈妈都希望跟孩子建立一个安全和可信任的关系。但是我会接触到一些妈妈，无论是因为生存的需求，还是因为家庭文化的原因，抑或是个人养育孩子的价值取向原因，会使得一些妈妈在跟孩子的互动关系上形成这种回避型的模式。

所谓回避型，我们在评估时就需要问，是谁回避谁呢？是妈妈回避了孩子，还是孩子回避了妈妈？其实两者是相继发生的。从症状意义来看，我们在评估的时候要看是不是孩子首先在回避妈妈，如果是的话，我们就可以评估为回避型互动。那么从原因的角度评估，或许是妈妈先回避了孩子，当孩子用尽所有的努力都不能获得妈妈的安全型依恋时，孩子会自动化地生成回避型的互动模式。所以，两者是相辅相成的。

那我们先从第一个角度来看，妈妈是如何回避孩子的。

在当下很多时候，有一种很常见的情况，就是妈妈特别忙碌，因为她的工作忙、工作压力大，在孩子出生以后，她就不得已会跟孩子分开一段时间。这一段时间有的短，有的长，有的甚至可能几年间孩子都见不到妈妈。这样的话，妈妈就会把孩子放到外婆、奶奶或者其他保姆身边来照料，这样其实从妈妈的主观角度上讲，她就隔离了和孩子之间的这种亲密关系；而孩子跟她的互动，或者她跟孩子的互动也自然而然不能获得更好更充分的满足。

讲到这里，也许有的父母会问，哪一个父母不是爱自己孩子的呢？怎么孩子觉得我在回避他呢？我出去打工赚钱，离开家发展学业和事业，不都是为孩子将来的成长创造更好的生活和教育条件吗？或许有的妈妈会问，孩子一旦觉得妈妈有意回避了他，他也回避了妈妈，这里就出现一个困难或者一个问题：什么时候孩子才可以重新回到妈妈身边而和妈妈亲密起来呢？

我们再从孩子的角度来看，一个孩子天然地需要妈妈，这是生命的渴求。那么，如果一个妈妈离开了孩子，特别是在孩子18个月内经常见不到妈妈的话，孩子的内心就可能形成一个很深的想法或者观点，认为妈妈不爱他或者妈妈抛弃了他。所以当妈妈有一天有机会回到孩子身边的时候，孩子因为已经习惯了和照料者的关系，或者习惯了照料者的照料方式，或者早已忘却妈妈的样子，而妈妈对于孩子来说已经成为了可有可无的象征物，所以孩子内心自然而然地会产生情绪，要么生气，要么愤怒，要么就是讨厌，继而就选择了对妈妈避而远之。所以当妈妈再次出现的时候，孩子就不会及时转向妈妈、扑向妈妈，而孩子仍然在玩他的玩具，或者即使妈妈叫他，他也不回头、不应答，爱答不理。由此回避型的依恋关系就发生了。有些妈妈看到这些场景时就会伤心、难过、落泪。此时妈妈要学习“重新来过”的补偿式养育方式，也许就可以找到孩子回来的方法了。

10. 回避型互动关系发生的原因是什么

回避型依恋关系使得孩子产生的外在表现已经写进自闭症的核心症状中。自闭症的症状表现之一就是孩子的眼睛不能和其他人对视，包括和妈妈。症状之二是孩子的身体对妈妈对爸爸或者对他人也是回避的。别人想要拉他的手，想要抱他，想要走近他，他都是拒绝的，躲闪的，或者是排斥的，甚至是攻击的。

有些妈妈也许会问，难道孩子小的时候就不能离开妈妈？不是也有一些由奶奶、外婆甚至保姆代养大的孩子，也成长得很好吗？这些疑问非常值得我们探讨。

第一个我们需要问的是，无论妈妈有多忙、有多累、有多远，妈妈心中的价值排序是什么？我重要？还是我的孩子重要？还是我的成就和成功更重要？还是每个部分同等重要？如果妈妈内心有了清晰的排序，也许答案就明了了。在当下的社会发展阶段，我看到很多妈妈，包括爸爸，也许认为成功和成就比自己和孩子都重要，因此，就全身心地追求事业的发展、权力的获得和财富的提升，进而丧失了自我关爱，也错过了孩子的养育。所以，如果一个婴儿出生以后，虽然妈妈工作很忙，但仍然能够抽出空闲时间跟孩子视频，咿咿呀呀问话，嘻嘻哈哈回应，嘘寒问暖关怀，也许就可以让孩子感觉到妈妈是爱他的、想他的和挂念着他的。婴幼儿获得爱的方式和成人会有不同。婴幼儿获得爱的方式往往就是身体的感知而不是头脑的感知，也就是说体验是孩子获得爱的重要的通道。

第二个问题我们也许会问，照料者的价值选择和价值判断是什么？像爷爷奶奶、外公外婆，或者是保姆这样的照料者，如果面对那些父母两地分居、外出打工，或者是父母经常加班的孩子时，会不会常常在孩子面前传递“你要听话，你要懂事，妈妈爸爸都是为了你才选择去外地打工的，妈妈爸爸都是给你赚学费去的，妈妈爸爸也很累，他们也不容易，他们成功了你也跟着成功了”等信息。如果孩子长期听到这样劝慰的话，便会认为父母的成功比他这个人重要，钱比他这个生命重要。无形中，孩子就学会了用沉默和压抑、抑郁和难过，隔离或者隔绝跟父母的爱。所以，孩子慢慢就变得不说话了，不爱看人了，不愿意靠近了，所以，拒绝和远离是他们能够保护自己的最恰当的方式。长此以往，自闭症的外显症状便慢慢形成。

第三个问题我们也许会问，妈妈或者爸爸怎样做到尽责的养育？我们常常看到一些独生子女的父母，孩子一旦出生了，就把孩子全然交给长辈养育，或者长辈早就等着替代养育了。那么，对于孩子来说，或许会经历三种情形的挑战和调整。其一，如果隔代养育者充分替代了妈妈爸爸，那么孩子会在心中把隔代养育者视为心理学意义上的重要他人，而慢慢将自己的父母从自己的视线中淡化，变得疏远和疏离；其二，如果隔代养育者不能成为孩子心中的重要他人，而父母又不能尽责，还是更多指望隔代养育者发挥养育功能，孩子就会对隔代养育者和自己的父母都变得疏远和疏离；其三，如果父母把养育孩子的责任推给保姆这样的照料者，而保姆又没有学会怎样爱孩子，只是完成日常的擦、洗、涮这样的工作，孩子就会跟任何人都选择疏远和疏离。所以，做一个内心充分准备好的且有爱的能力的父母，对于孩子的后天发展是非常重要的。

第四个我们要问的就是，妈妈在自己童年的时候，是否与自己的妈妈有这种回避型互动关系的情形。心理学理论告诉我们，如果一个妈妈在她的童年没有获得安全型依恋，当她成为妈妈以后，她也不可能或者不会从她自己妈妈那里习得好的经验，更多时候她会重复自己妈妈养育她的方式来养育自己的孩子，这就是“强迫性重复”理论。

11. 产后抑郁对孩子有怎样的影响

这一节，我们讨论如果妈妈得过产后抑郁症对孩子会有怎样的影响？

有的妈妈会在孩子出生后四周内出现产后抑郁。如果妈妈出现产后抑郁的话，会直接影响到孩子。妈妈会表现出无力养育自己的孩子、不能分泌乳汁、对自己的孩子失去兴趣和积极关注，甚至讨厌孩子，最为严重的是想杀死孩子等症状。研究结果表明，母亲抑郁，婴儿会放弃发出情绪信号，并尝试自己通过吸吮和摇动来安抚自己。如果这种反应成为习惯的话，那么婴儿会认为自己没有能力引起他人的回应，并且认为母亲是不可信的，他们生活的世界也不值得信赖。

有的研究提出，妈妈有产后抑郁可能导致孩子出现自闭症的症状。

心理学家认为，妈妈通过理解情绪信号来评估和满足婴儿的需要，然后婴儿通过情绪信号，影响着妈妈的行为，并且做出反应。

如果妈妈在孩子出生四周内出现了产后抑郁的情况，在母婴之间的互动关系上，会发生什么样的变化呢？心理学家说，除非得到及时的治疗，否则产后抑郁对母亲和孩子的互动方式以及孩子将来的认知和情绪发展都会产生消极影响；而这个消极影响就是，抑郁的妈妈对孩子比较不敏感，并且一般也很少积极主动与孩子互动，会对孩子丧失很多的兴趣，甚至对孩子产生一种厌恶的心理。心理学家认为，抑郁的妈妈也很少对婴儿的哭声进行了解和做回应。因为母亲的生命能量下降或者消耗越多，她越无暇顾及孩子的哭声所反映出孩子的内在需求和外在需要。

也有理论提出，母亲抑郁的婴儿在大脑活动的时候，通常出现非正常的模式。而这种非正常的模式，直接会影响孩子情绪的变化，所以有的婴儿会出现愤怒、压抑或者厌恶的情绪，然后他的兴奋愉悦感就会降低。

心理学家同时谈到，如果妈妈抑郁的话，会在妈妈和婴儿之间产生双向的影响模式。这种影响模式是，如果婴儿不能正常回应妈妈，就会加重妈妈的抑郁情绪。也就是当妈妈看见孩子对她也是爱答不理的时候，妈妈的抑郁情绪会加重，同时妈妈的抑郁情绪和不给予孩子积极回应的情况，也增加了婴儿的抑郁情绪，让婴儿越来越抑郁，从而失去了很多内外在行为表现或者心理表现的活跃性和主动性。所以母婴彼此都会受这种状态影响。

研究表明，抑郁母亲养育的婴儿，更容易形成非安全型依恋，可能出现不健康的成长，在认知和语言测验上都表现较差，将来也会出现行为问题；当孩子进入到学步期，面对挫折和紧张时，通常会出现问题；在进入青少年期的时候，暴力行为出现的比例也更高。

12. 回避型互动关系的例外情况

我们在探讨回避型互动关系的过程中，也许有的时候会让很多家长走到一个误区。那就是，如果一个孩子出生后长到18个月以后或者3岁了，而孩子表现出来的还是不大爱讲话，或者不太愿意和人接触，或者即使对家里熟悉的人，孩子也是不爱讲话，常常一个人在那玩儿，一个人自言自语，或者一个人在同一个地方待很长时间看书、画画、搭积木、玩乐高等，这样的孩子一定就会出现问题吗？

关于这个误区，我跟大家分享的就是，这样的孩子也许属于天生气质的冷静型，而不是家长认为的回避行为。

这种气质类型的孩子和遗传因素相关。我们做父母的，无论妈妈也好，或者爸爸也好，需要核查的是，在你的生命当中，你是否曾经表现出或者你一直表现出这种人格类型或者气质类型，是不是很多时候也是少言寡语的，内向的，不愿意多说话的，不愿意去人多的地方，不愿意和很多人在一起，也不太愿意让别人接近你，不愿意你争我夺，不愿意发生冲突等。如果你是这种类型的人的话，那么，你就属于天生气质类型中的冷静型，你的孩子或许就在这个部分遗传了你的特性，表现出和你一样的气质类型。

马来西亚心理学家林文采说，冷静型的孩子性格特点就是内向冷静，慢条斯理，秩序逻辑，情绪稳定。所以如果你的孩子常常表现出内向、不爱多说话、不爱表露自己、不愿意用语言来表达自己的需求、不愿意去和其他人更多地肢体接触、不愿意去凑热闹等情形，或者你很少看见他呈现快乐兴奋的表情、活力夸张的动作，这个孩子很大可能就属于冷静型，他的上述表现都属于正常的表现，而不是异常的表现。家长如果能做出正确评估的话，就不会把自己的孩子和那些活泼、积极、乐观、侃侃而谈、滔滔不绝、见人就自来熟、很容易和大人或者小朋友有各种各样的肢体接触的孩子来比较，从而认定自己的孩子不正常。所以，一旦出现这样的情况，父母需要拓展新的知识，增加对自己孩子更多的了解，避免给孩子贴上错误的标签。孩子出现上述行为既不意味着孩子的性格出现了问题，也不意味着孩子的行为出现了问题。

13. 矛盾冲突型互动关系在母婴之间是如何形成的

这一节，我希望带领家长们探索一下妈妈和孩子之间形成矛盾冲突型互动关系的原因。

我们都希望母亲和孩子之间，从孩子出生那一刻起就建立安全和可信任的母婴互动关系，而不是回避型的和冲突型的互动关系。但在现实生活中，我们常常可以看到妈妈和孩子之间互动关系是矛盾冲突型的。

所谓矛盾冲突型，就是让孩子感觉妈妈既爱他又没那么爱他；既喜欢他又没那么喜欢他。所以我们常常用两个词来概括，就是爱恨交加、喜怒无常，这是矛盾冲突型互动关系的最典型的表现。

如果探究原因，我们可以聚焦到妈妈是否常常表现出情绪化的应激方式。

心理学家认为，孩子的神经发育与妈妈的情绪化显著相关，这也是自闭症成因的一个影响因素。如果一个妈妈常常表现出情绪化，不能好好对孩子说话，不能持续温柔地对待孩子，喜怒无常，最直接影响孩子的就是神经发育。孩子面对这样一个妈妈，常常处于一种紧张、无所适从或者恐惧的状态，神经也时刻处于紧张的应激状态。

所以，如果一个妈妈常常在孩子面前表现出情绪化，我们需要妈妈思考的其中一个原因就是妈妈在自己小时候，是否也曾被情绪化的妈妈养育过。也就是妈妈的养育者照料者，是不是有的时候看起来对她很好、很温和、很有爱；但有的时候对她却是忽略的、拒绝的、排斥的；而更严重的甚至嫌弃她、重度惩罚她或者虐待她。所以在妈妈的内心，就积压了很多负面情绪。她不知道这个世界上谁是真的爱她的人。她常常觉得生命是没有价值和没有意义的。她学会了看大人的脸色行事。如果大人开心了，她可能就会开心一下；如果大人不开心了，她会迅速陷入一种难过、压抑、痛苦和愤怒的情绪当中，甚至有的时候想逃脱。久而久之，当这个妈妈长大以后就习得了这种情绪化的应激模式。当有了自己的孩子以后，她会不经意地把这种情绪化的方式复制到孩子身上，而不能用一种积极健康的方式来养育孩子。而孩子感受到的是这个妈妈又近又远，又可亲又可恨，又想靠近她又想远离她。这就导致了有的孩子容易出现神经症症状。

14. 妈妈的童年创伤对孩子有怎样的影响

心理学有一个投射理论，意思是，妈妈一看到自己的孩子，就想起自己小的时候；一想到自己小时候是如何被父母或者养育者对待的，就会通过自己的孩子引发过往被压抑的内在负面感受，继而会用同样方式对待孩子。

所以，如果妈妈在童年期的成长有心理创伤，而一旦这个心理创伤很大、很深、很久的话，这个妈妈会一直挥之不去，她自己又没有能力去控制和管理这种创伤体验，比如，当妈妈看到自己的孩子哭了，她就想起她小的时候一旦哭了，妈妈就让她憋回去，不准哭或者迅速被骂被打；或者当她想要吃、喝、玩的时候，妈妈不但没有满足她，反而还打骂她。这样的场景周而复始。如果一个妈妈在成长中积累了很多这种负面的体验和感受，孩子的一些行为会一下子勾起她过往的愤怒，让她把内心所形成的这种负面的情感和糟糕的体验，迅速复制到孩子身上，在她的大脑里就像过电影一样不停地闪回那些过往没有被好好对待的画面。她会不自觉地把当年她妈妈对待她的方式或者照料者对待她的方式表现给孩子，孩子感受到的是这个妈妈经常喜怒无常。通常妈妈在对孩子发泄完情绪或者打骂之后，又感到无限后悔和内疚，要么祈求孩子原谅，要么用无条件溺爱的方式来补偿对孩子的伤害。而孩子内心会产生很大的矛盾，你爱我为什么还要打我，你恨我为什么还对我好？孩子的感受和认知系统就会出现混乱。孩子不知道什么时候才可以对妈妈有需求，什么时候才可以正确表达需求，怎样回应妈妈才是合适和恰当的。孩子也不知道妈妈什么时候会发脾气，什么时候又会遭遇“暴风雨”？所以孩子会怀疑妈妈是不是真的爱他，导致孩子常常处于这种进退两难的纠结状态。

研究资料表明，一个妈妈如果跟孩子之间形成矛盾冲突型的互动关系，对孩子后天的性格发展，包括他的问题行为都会产生直接影响。孩子多动，或者长大了以后形成反社会人格也许都是从这里发展而来。

那么，一个妈妈如果意识到了过往的创伤导致了对孩子的影响，妈妈需要做的是什么呢？我们希望妈妈要迅速预约心理咨询师来疗愈过往的心理创伤，而不是带伤养育。通过心理治疗，妈妈可以慢慢抚平过往的伤痛，再加上后天的学习以及不停地自我觉察和持续地自我改变，在与孩子的互动上便可能建构一种新的、健康的、有爱的、持久的互动模式。

15. 被遗弃被送养的妈妈对孩子有怎样的影响

如果一个自闭症孩子的妈妈在她小的时候被遗弃、被送养过，或者被放到多个家庭里轮流养育，这会对妈妈有怎样的影响？又会对孩子有怎样的影响呢？

我们常常看到有一些人总是认为自己没有价值，人生没意义，自己无足轻重，即使有了很高的地位、很多的财富，也常常认为自己不值得拥有，或者自己不值得被尊重。这些人的问题其实就出在自我发展上。如果探究深层次原因的话，几乎都与童年期被遗弃被送养的成长经历相关。

如果父母尚未建立起内在自我形象和自我价值，孩子的自我形象和自我价值也很难建立。有的时候我们看到社交退缩型或者社会化发展迟滞的孩子，也不由联想到了这部分原因。自闭症专家告诉我们，自闭症的成因之一是孩子的内在自我意识是否形成。

如果父母带着被遗弃或者被送养的童年印记进入到他们社会化的发展过程，当他们结婚、生孩子了，他们会不经意地把这些过去的印记传递给孩子。他们认为孩子也许跟他们一样，也是不值得的，没有价值的。或者是无论怎么样，我这个妈妈都不会养出一个值得尊重的、值得被爱的、有价值的、有意义的孩子来。所以，这样的父母常常盯着孩子不好的部分，常常盯着孩子犯错的部分，他们跟孩子所建立的关系中，爱会少一些，亲会少一些，而更多的是指责、抱怨、批评、要求、强迫、命令，甚至排斥。如果孩子总是不能在父母面前受到欣赏、赞美、表扬和鼓励，孩子会觉得在他的生命里，他也是不好的，没有价值的，不重要的，不被尊重的，这对于一个孩子从婴儿期到儿童期，以致到青春期发展阶段内心自我的建立是存在非常大影响的。

16. 父母关系恶劣是如何影响孩子的

我先给大家举一个例子。疫情期间我在朋友圈看到了一个视频，视频中呈现了一个年轻人的家庭，有三个孩子，两个女儿，一个儿子。这个视频是爸爸用手机录下来并传到朋友圈的。视频的内容是这个妈妈拿着扫把杆暴打孩子。妈妈先用扫把杆噼噼啪啪打最大的女孩，女孩大约5岁左右，打到这个女孩蹲在墙角苦苦求饶，时间持续近一分钟；之后这个妈妈又用扫把杆打第二个女孩，也是狠狠地打，女孩大哭求饶，妈妈也未停手。妈妈在打大女儿和二女儿时，爸爸不但没有制止还一直用手机录像，妈妈看到爸爸录像，对他说："你还录？你还录？"爸爸说："我就录！我就录！"妈妈心里更加火，于是又把最小的大约一岁多的儿子拉过来继续用扫把杆打，三个孩子哭成一团并呈现恐惧状。

我当时在想，是这个妈妈的情绪化发作来打孩子，还是因为夫妻关系出现问题，妈妈借孩子撒气呢？原因一定是后者。如果这个爸爸不录视频，而在妈妈打孩子的时候，对妈妈做一些制止，对孩子做一些保护，也许这几个孩子就不会无辜地受到妈妈这么严重的抽打。而这样的抽打，对于三个孩子来说，或许就构成童年心理创伤。而妈妈当时只是拿孩子来发泄情绪。所以，如果这对夫妻关系好，孩子就不会受伤害。

托尔斯泰曾说过，幸福的家庭是相似的，不幸的家庭各有各的不幸。每个孩子都希望有个和谐温暖的家，每个孩子都希望爸爸妈妈关系好，让他们可以安全健康地成长。

那么夫妻关系不好，会对孩子产生怎样的影响呢？

第一，夫妻关系不好，不能为孩子社会化人际关系的发展做出榜样和示范，孩子从父母的关系中学不到和气地说话，更好地沟通，彼此的相爱，彼此的关怀，彼此的支持和保护。所以，我们一旦发现孩子有自闭症倾向时，特别是孩子人际关系和沟通出现障碍的时候，我们需要从夫妻之间的关系是否融洽和谐来核查、评估对孩子的影响。

第二，夫妻关系不好，会直接影响孩子的安全感，引发孩子的害怕和恐惧，甚至社会功能的退缩。孩子特别是婴幼儿最为害怕和恐惧的是父母经常吵架或者动手打架，他们往往大哭或者迅速发生身体僵直症状来应对恐惧。如果父母长此以往，孩子最大可能就会出现惊恐发作症状，孩子在后天的发展中就不敢或者不能发展正常的人际关系。他们只能选择退缩或者回避来应对陌生人和陌生情境。我们有时在幼儿园会发现这样的孩子，探究背后的原因往往就是因为父母离婚或者父母冲突所导致。

第三，夫妻关系不好，特别在孩子小的时候，父母常常把从对方那里引发的情绪，用情绪化的方式发泄给孩子，就像这一节开头讲到的案例一样，孩子会成为无辜的受害者被打被骂被伤害，这对孩子后天的心理成长会最大可能地引发心理创伤。

17. 父母传递双重信息会如何影响孩子

我们发现，在一个家庭当中，如果父母关系不融洽、不和谐，父母容易在孩子面前传递双重信息，让孩子不知如何是好。这会影响孩子在社会化发展中的选择和为选择负责的能力。

双重信息，即指要么妈妈传递给孩子的信息不一致，要么是爸爸传递给孩子的信息不一致。而这个“不一致”，也许是此时此地不一致；也许是彼时彼地不一致；也许是此时此地、彼时彼地都不一致。

所以，落在对妈妈养育的评估上，首先要考量的是，妈妈带给孩子的信息是不是常常既允许又不允许；既同意又不同意；既让孩子感觉到你喜欢他，又让孩子感觉到你没那么喜欢他；既让孩子体验到你是爱他的，但有的时候又没那么爱他。

另外要考量的是，妈妈和爸爸之间，是不是也让孩子收到双重信息？有的时候也许妈妈告诉孩子，你就听妈妈的，不要听爸爸的；妈妈说的就是对的，你不听妈妈的，妈妈就要打你、骂你、惩罚你。有的时候，爸爸也跟妈妈一样，大概也会在他单独与孩子在一起的时间里传达、传递给孩子这样的信息，听爸爸的，家里爸爸说了算，你不要听你妈妈的，你妈妈说的都是错的。

如果孩子从小就接收来自父母的双重信息，这让孩子在建立人际关系或者和人沟通时，就会模棱两可、左右为难、瞻前顾后，他就不能形成一个自己的判断、自己的意识、自己的要求。有的时候说半句话，看看妈妈的脸色，再说半句话，又看看爸爸的脸色，常常导致孩子纠结的情形发生。

第三要考量的是，在一个家庭里，如果有隔代老人和爸爸妈妈住在一起，一起带养孩子，也就是三代之家发生多重信息冲突的问题。这时我们要问的是，老人教育孩子、带养孩子的方式方法，还有他的价值观和爸爸妈妈是不是一致。这里可能存在三重信息。如果老人带养孩子、教育孩子的观点、观念、价值观和妈妈不同，和爸爸相同，或者有的时候老人的观点和妈妈一致，和爸爸不一致，会让孩子不知所措，产生选择困难。还有的时候，爸爸妈妈都上班，孩子交给老人照料，而两个老人在教育孩子、养育孩子的观点和方式方法上也会出现不同，又会让孩子像陀螺一样不知道谁对谁错。

上述三种情况如果时间久了，孩子心中会形成多重情绪、多重冲突、多重矛盾，严重的会导致孩子多重人格障碍，或者双向情感障碍，也就是我们常说的躁郁症。

18. 完美主义的父母是否会导致与孩子的矛盾冲突型互动

完美主义，意思是对所有的人、事、物都要做到尽善尽美，没有瑕疵。如果父母是完美主义的话，孩子最有可能发生的就是对自己的不认可。

如果我们评估一个妈妈是不是完美主义，就要看这个妈妈是不是对自己和孩子所涉及的方方面面都要求高，并且苛刻。

聚焦到孩子身上，如果妈妈常常对孩子坚持高标准、严要求，不能出错；一切都按照妈妈的程序、规矩、规范做事；妈妈又常对孩子表现出苛责、指责、抱怨、批评、惩罚的话，在孩子心中，会觉得这个妈妈可敬不可爱。但妈妈因为完美主义又常常对孩子各个方面都考虑得非常周到，比如对孩子吃的、穿的、用的以及其他各个方面的照料和照顾都是细致妥帖的，孩子又会觉得妈妈很爱他。因此，孩子有时就会犹豫不决，无法权衡妈妈是爱他还是在管他，孩子很多时候会感受到妈妈没那么爱他，或者妈妈的爱总是有条件的，这个条件就是你要足够好。孩子收到妈妈这样信息的时候，他与妈妈之间建立互动关系时就会又想靠前，又靠不上前；又想亲近，又不敢亲近；想跟妈妈说心里话，又不知如何表达；孩子会想，什么时候才能符合妈妈的标准，什么时候才能得到妈妈的满意，久而久之，会让孩子形成一种不自信的心理。这也会影响孩子跟他人建立人际关系互动的模式。

一个完美主义的妈妈，她外在表现出来的形式，要么是冷的，要么是远的。这样的妈妈很少对孩子表达欣赏和认可。孩子与妈妈之间的关系会变得要么敬而远之，要么因为畏惧而避开。

一个完美主义的妈妈，也很少会通过皮肤接触与孩子建立起亲密、安全的依恋关系。她不习惯运用身体跟孩子发生肢体接触，而孩子想获得妈妈一个温暖的拥抱、一个温暖的表情、一双温暖的手和无条件的接纳，就成为了奢侈的事情。

所以，完美主义的妈妈，如果能够觉察到自己是完美主义的，从今天开始就可以做一些适当的调整和改变，让自己尽量降低对孩子的要求和标准以及对孩子的期待，让孩子在成长过程中有空间感，这样孩子在互动上就会更加自在放松。

19. 多子女家庭养育的公平性对孩子的影响

随着中国二胎政策的放开，越来越多的家庭养育两个或两个以上的孩子，多子女结构的家庭增多。

多子女家庭最需要父母考量的就是父母的养育是否导致多子女之间出现比较、竞争、嫉妒，特别是恶性竞争的情况。如果出现，就会导致孩子和父母（主要指妈妈）之间形成矛盾冲突型互动关系。

那么就需要父母去回顾三个方面：

首先，妈妈在小的时候，有没有被她自己的妈妈在兄弟姐妹中不公平地养育？所谓不公平的养育，就是妈妈在她的童年期，所受到的养育是否存在比较和竞争。比如她的妈妈告诉她：你不如姐姐懂事、不如哥哥努力、不如妹妹听话、不如弟弟成绩好等。如果孩子在这样的环境下长大，就会特别影响孩子内在自我的建立和发展。在前文我们说到的自闭症成因中，这种比较和竞争就是导致孩子内在自我不能很好建立和发展的成因。如果妈妈从小在竞争和比较的环境中长大，当她做了妈妈以后，她在自己多子女的养育上往往就会重复这种竞争和比较的互动模式。即使她是独生子女，也会因为小时候由父母把她与邻居、同学、亲戚家的孩子比来比去而形成比较心理。所以，如果孩子一旦在这样的环境中因为比较产生比较强烈的嫉妒心理的话，孩子在后天的人际关系发展中就可能发展出不合作或者攻击性的行为特征。

其次，爸爸妈妈之间有没有进行比较和竞争？这种比较有的时候是有意识的，有的时候是潜意识的。所谓意识，就是知道并能够直截了当地表达出来的想法和观点。潜意识，就是有的时候不知道却很容易用肢体语言或者情绪传递出来的想法和观点以及相关信息。我们有时会看到一个家庭中妈妈爸爸之间的互动，他们常常是你争我夺、比来比去，要么就比收入的丰薄，要么就比学历的高低，要么就比能力的大小等。孩子在这样的环境下，特别在他的童年期，看到爸爸妈妈之间有这样的互动，就会影响到孩子内在的选择，他不知道站在谁的一边以及怎样理解他们之间的互动关系，导致内在冲突的发生。

最后，在多子女的家庭中，妈妈或者爸爸有没有刻意制造恶性竞争？比如，在我所见到的自闭症家庭中，有一种类型是孩子一旦被诊断为自闭症，妈妈就说，“既然他被诊断为自闭症，那我们就放弃他吧，我们可以再生一个健康的孩子。”然后这个孩子就成为自闭症孩子的替代。之后父母表现出的就是随着第二个孩子的出生，会越来越忽略、拒绝、排斥已经被贴了自闭症标签的孩子。这样的做法让这个已经被诊断为自闭症的孩子的成长越来越糟，对他内在自我建立和发展影响很大，他会觉得自己是不可爱的，是没那么重要的。这对孩子的人际关系、语言能力、社会化发展都非常不利。

20. 单亲妈妈对孩子的养育会有怎样的影响

这一节我们探索一下单亲妈妈在孩子养育过程中，会不会跟孩子形成矛盾冲突型的互动关系。

每个孩子都希望有个健康幸福的家庭。如果父母离婚了，孩子也希望有一个好的照料者完成他所需要的养育。我们先看看父母关系的几种表现形式：第一种是和谐的；第二种是没那么和谐但仍在婚姻关系里；第三种是分居，各过各的；第四种是两个人离婚了。

夫妻离婚后，很多妈妈会选择比较小的特别是哺乳期内的孩子跟她一起生活，这也是中国法律的一个规定。下面我们就以单亲妈妈为例展开讨论。

那么，跟婴幼儿在一起生活的单亲妈妈要考量什么呢？

考量一：离婚了，妈妈有没有从婚姻里产生的情绪当中走出来。

一个不好的婚姻，或者一个失败的婚姻，其实对妈妈的影响很大。妈妈最需要考量的就是，我离婚后成了单亲妈妈，在我养育孩子过程中，我有没有把在婚姻内的情绪带到养育中？如果妈妈能够保持情绪稳定，孩子就会收到这样的信息：即使爸爸妈妈离婚了，即使妈妈一个人养我，妈妈也是非常爱我的。如果妈妈把婚姻中的情绪带给孩子，甚至让孩子很受伤，孩子会受到无辜的伤害；孩子也会看到妈妈经常难过、悲伤，甚至有很多的怨恨、怒气，都表现在打我、骂我上。孩子跟妈妈就不会很亲切，也不会很亲密。

考量二：离婚了，妈妈选择养育孩子，有没有在各个方面做好准备，包括心理准备和物质准备。

所谓心理准备，就是单亲妈妈选择跟孩子在一起时，孩子少了爸爸的部分，妈妈要问自己能否承担双重的功能：既做孩子的妈妈，又能够承担爸爸的功能和角色，带给孩子完整的养育。这样就会让孩子在心理上感受不缺失。孩子在享受到妈妈爱的同时，也能够在需要爸爸的力量和保护的时候，从妈妈这里获得支持。在这样的养育下，孩子内在自我发展就比较健康、比较积极、比较完整。

考量三：离婚了，妈妈选择跟孩子在一起，有没有允许爸爸在自己能力不足够的时候参与进来，跟孩子见面，带孩子出去玩，或者允许爸爸的原生家庭跟孩子一起互动。妈妈如果能够这样做的话，孩子会接收到“妈妈是爱我的、爸爸也是爱我的、外婆也是爱我的、奶奶也是爱我的”这样的信息，从而让孩子的人际关系发展不因父母离婚而中断或者切断，能够在与每个人的联结中获得积极健康、有爱的、流动的人际关系。

考量四：妈妈一个人养孩子，关于孩子的抚养费、教育费、医疗费的物质准备足够吗？

如果没有准备好的话，妈妈会不会向爸爸去要？如果孩子爸爸的经济条件、物质基础都不能足够支持的话，妈妈的生存压力和应激能力是否足够？一旦承受不住的时候，会不会把压力转嫁给孩子，或者有的时候把孩子当“皮球”踢来踢去？这对孩子的安全感和存在感会产生很大影响，进而直接导致孩子的自我价值受贬损。

21. 重组家庭会对孩子产生怎样的影响

重组家庭，顾名思义，就是重新组建的家庭。重组家庭的产生无外乎两种情况：丧偶或者离婚。重组家庭的表现形式也不一样，有的是因为妈妈离婚或者丧偶，重新选择配偶进入到一个新家庭，进入新家庭之前，妈妈已经养育了孩子；有的是爸爸离婚或者丧偶，重新选择配偶，而爸爸之前也有了自己的孩子；有的是爸爸妈妈各自带着自己的孩子进入重组家庭，然后又生育了他们共同的孩子。那么，对于不是爸爸妈妈共同所生又生活在一个家庭里的孩子来说，就要接受重组家庭的挑战了。

从孩子的角度来看，孩子一旦进入到一个新家庭生活，就相当于增加了一个“新爸爸”或者“新妈妈”。在这样的家庭中养育孩子，对于父母来说要考量下面几个问题：

考量一：孩子会与新爸爸天然竞争妈妈的爱。

如果是独生子女，孩子已经习惯了自己的妈妈和自己的爸爸对他的养育方式，妈妈离婚后进入到新家庭，新家庭的环境、文化、饮食、互动方式、沟通方式对于孩子来说都是陌生的。孩子会质疑或者担心新家庭有一个新爸爸，会不会减少、弱化、剥夺我从妈妈这里获得的爱；孩子会质疑或者担心妈妈的爱会不会被新爸爸给夺走。这是孩子天经地义的基于人性的思考。因此，妈妈选择再重组家庭，首先要对非常小的婴儿、幼儿、儿童期的孩子做到爱的最大化；要告诉孩子妈妈是一直爱你的，这个爱不会因有了新爸爸就会发生改变。而让孩子能够收到这份爱的方式就是妈妈要用更多的身体触摸、拥抱、亲吻的方式让孩子感受到妈妈亲的部分，否则会让孩子不经意间感觉到母爱被新爸爸或者其他家庭成员分去，并觉得妈妈没那么爱我了。

考量二：爸爸妈妈各自的孩子重组在一个家庭，他们也会寻求最大化的爱和关注。

新爸爸或新妈妈各自在原生家庭养育的孩子，一旦重组在一起的时候，对于孩子来说，养育人和养育环境都发生了新的变化。对于婴幼儿来说，他们希望的就是每个人都像妈妈一样爱他。所以，无论新爸爸还是新妈妈，如果能够发自内心地爱这个孩子，孩子就会越来越融入，关系也会发展得越来越好。对于学龄期的孩子来说，一旦两个孩子重组在一起，他们首先表现出来的就是竞争自己父母的爱不被夺走，所以，孩子会时刻关注自己的父母有没有偏向对方，有没有忽略自己，自己被重视和关爱的程度有没有减少。这样的孩子对爱的获得或者剥夺行为非常敏感。所以，父母要尽量满足自己的孩子所需要的爱。同时做一些平衡和引导，比如，让两个孩子一起合作、沟通、分享，搭建和发展友谊的桥梁，让他们彼此更加融入新家庭，更加融洽地相处，这样就最大化地避免了孩子在成长过程中表现出来的另外一种竞争的趋势，即争夺和争斗。

考量三：如果新家庭诞生了新的孩子，对重组的孩子或是一种敌对，或是一种利好。

如果新爸爸新妈妈又生育了新的孩子，特别考验的就是新爸爸新妈妈能否帮助重组的孩子跟新的孩子形成兄弟姐妹关系。如果能够的话，孩子会在心中获得新的希望，并且会发展出做哥哥姐姐的功能，关爱、保护这个小弟弟或者小妹妹，他们也会期待小弟弟或者小妹妹快快长大，成为他外在的玩伴和内在的陪伴。所以，新爸爸和新妈妈在养育孩子的过程中，切忌用不公平的养育激起孩子的恶性竞争和愤怒情绪。我们希望父母，特别是妈妈能在两个或者三个孩子之间平衡跟每个孩子单独在一起的时间。如果能够给每一个孩子单独的养育时间，让孩子感受到妈妈最在乎他、最重视他、最关注他、最爱他、最亲他的时候，这就弱化了他在一个新的情境下的比较和竞争，避免孩子在自我发展中变低、变小，或者变得无力，甚至用一种病态的方式来寻求关注。

22. 私生子的妈妈怎样帮助孩子建立自我

如果我们从家庭结构看一个生命的样态，私生子占很少比例，但这种生命样态也不失为一个研究的热点，或许也是自闭症成因之一。

谈到私生子，法律的定义即非婚生子，也就是没有合法的婚姻做前提所生育的孩子。私生子大概会产生在以下几种情况中：一是妈妈在自己的婚姻外和另外一个人生育了孩子。二是未婚妈妈和异性生育的孩子，即妈妈没有进入婚姻就怀孕了，或者有了孩子后，孩子的爸爸就不再出现。三是青春期内的少女与男性生育的孩子。

以上三种情况，都称为非婚生子。有的妈妈对生孩子是有准备的，有的是放任所为。这些情况对孩子后天的发展会产生一些影响。

影响之一，孩子不知道他的爸爸是谁。

我们常常说，爸爸是生命之根。孩子小的时候只跟妈妈在一起，不知道自己的生命来源，不知道是谁和妈妈共同生育了自己。在养育过程中，孩子也只看到妈妈一个人，却从未见过爸爸，便会心生疑惑。所以，在一个没有爸爸的养育环境里，孩子在成长过程中就缺乏了父性的力量，从而变得胆小、懦弱、没有推动力，在人际发展上会小心翼翼或者退缩。

影响之二，孩子对妈妈的身份产生不确定。

妈妈一个人抚养孩子，在精力充沛的时候会很爱孩子，用更多的时间来陪伴孩子，有的时候也许因为各种各样的限制，包括社会影响、家庭传统、伦理道德等导致妈妈不能和孩子在一起，妈妈不得已会选择保姆或者照看者来照料孩子。孩子如果很长时间不能见到妈妈，那么孩子就会在成长过程中去想，我的妈妈是谁？为什么我的妈妈不常在家或者不常在我身边？或者当孩子一点一点长大的时候，孩子又看见妈妈带来另外的哥哥或者姐姐，并让孩子喊哥哥姐姐，孩子又不知道这哥哥、姐姐是不是他亲生的姐姐或哥哥，这样就给孩子带来了很多的不确定。孩子会问“我到底从哪里来的”，这样的质问多了，会直接影响孩子的自我认同和身份认同。

影响之三，少女妈妈会导致问题行为的发生。

青春期内少女生下孩子，往往是不得已而为之。对于这样的少女妈妈来说，她们常常没有经验、没有能力，更没有物质条件，甚至会把很多情绪表现在对孩子的养育上，这就让孩子的成长受到一系列的影响，让孩子不能获得安全感，不能获得足够的心理营养，不能感受到妈妈充分的爱，从而在与妈妈的互动中会表现出越来越多的矛盾和冲突，特别当孩子受到打骂、冷落、嫌弃甚至虐待的时候，孩子会积累越来越多的愤怒，继而在后天的发展中会表现出反社会人格的问题行为。

23. 婴幼儿心理和社会发展规律

我之所以用了22节的篇幅跟家长朋友分享了社会文化环境导致孩子发生自闭症的几率，就是因为我常常看到很多家长似乎形成了定势思维，即孩子一旦被诊断为自闭症，家长就放弃了自身的养育评估，全部依靠医生或者康复机构，而丢弃了自己作为父母最为天然的治疗和康复资源。所以这一节，我把《婴儿和学步期儿童的心理和社会发展》文献中关于一个孩子从出生到3岁这三年所需要的，或者孩子个体所表现出关于母婴互动所带给他成长的一些理论分享给大家，增加父母的认知，让父母多维度和多角度来探索母婴关系对孩子，尤其对自闭症孩子的影响。

这是心理学家在1979年做出的一个论证和研究，具体内容为：

0—3个月：婴儿对外界刺激是敏感的，开始表现出兴趣和好奇心，并且很容易对他人微笑。因此，父母要先检查孩子在3个月内有没有好奇心、有没有微笑。如果没有，要回头检查母婴关系。

3—6个月：婴儿可以预期将要发生什么，当预期的事情没有发生时会感到失望，变得生气或者警惕，他们会经常微笑、咯咯地笑和大笑。这是社会意识的开启，是婴儿和照料者早期相互交流的时期。

6—9个月：婴儿参与社会游戏，并尝试从其他人那里得到回应。回应对婴儿非常重要。他们通过谈话、碰触和示好来获得其他人的反馈，他们表现出更加分化的情绪，包括愉悦、恐惧、愤怒以及好奇。如果孩子的情绪发展出现问题，父母就要回头检查母婴之间的互动关系是否让孩子的情绪发展出来。

9—12个月：一周岁左右时，婴儿与主要的照料者密切接触，开始惧怕陌生人，在陌生情境中活动减少。1岁时婴儿的情绪表达更加清晰，表现出矛盾情绪和各种情绪强度的变化。这个时候，父母需要关注孩子情绪的多少和强度的变化，这些都映射出照料者和孩子之间的互动关系。

12—18个月：婴儿会探索周围环境，并将依恋对象看成一个安全基地。当能够掌控环境时，他们变得更自信，且更愿意自己做出决定。这是考量婴儿内在安全感的时期。当婴儿内在安全感越充足的时候，他离开妈妈或者重要他人的时间和距离就可以越长越远，所以他自己就会更有自信。

18个月—3岁：当儿童意识到自己与照料者分开时，他们有时会变得焦虑，他们通过幻想游戏和假装成人来突破自身意识到的局限性。这说明孩子在3岁以内，跟妈妈或者重要他人互动关系越好，越增加他的安全感和他对自己的信任，同时越让他学会跟妈妈能够分离。这个分离是让孩子将来去幼儿园或者离开妈妈，让其他照看者照料，表现出更好、更积极主动的社会化发展的表现。如果孩子和妈妈之间在3岁之前的互动关系不好，孩子就会焦虑，也就是我们常说的分离焦虑，如果互动关系是好的，孩子的分离焦虑就没有那么明显。

第二部分

关于自闭症生物因素成因的探讨

24. 生物学的视角是什么

在之前23节中，我们从心理和社会发展的角度探索了自闭症的成因，更多地聚焦到了妈妈和孩子之间母婴互动关系以及家庭因素上，给家长们增加了一些可供参考的视角。从这一节开始，我会带领家长一起转向生物学的视角来看自闭症的成因。

美国自闭症专家认为，我们不能单独看自闭症的症状以及成因，要用多维度、多角度思维方式看一个孩子的发育和成长。这种多维度就决定了，我们要从心理学的角度、生理学的角度、生物学的角度、社会文化环境养育的角度来看一个孩子患有自闭症的原因。

从生物学的角度看自闭症的成因，有些家长或许有些陌生，这个部分常常和医学或者科学相关。

我个人学习得知，生物学的角度包括两个部分。第一个部分叫遗传；另外一个部分叫神经发育。

谈到遗传，很多人认为，一个孩子的出生是由父母决定的，遗传来源于父母，取决于父母。

有研究提出，遗传可能不仅仅是由父母决定的，也许是由祖先和父母共同把遗传的因素带给孩子。我想引用深圳华大基因CEO、生物学博士尹烨说的一句话：一个男子一次射精有30亿个精子；一个女性一个月排出一个卵子；男性的精子和一个女性卵子结合的时候，只有一个精子会和一个卵子相遇形成受精卵。受精卵经过二分裂、四分裂、八细胞，还有囊胚等过程，最后形成胚胎，经过40周后新生儿诞生了。可见一个新生儿的诞生绝非简单容易，是经过非常复杂、困难的过程的结果。

25. 基因和孩子的诞生及发育有怎样的关联

本节我们从遗传这个角度，用一些概念和数据帮助家长对这个部分增加更多的了解和认知。

我们每一个人的特征，比如头发和眼睛的颜色、身高和体重，都受到基因的影响。由此我们想知道遗传基因对于孩子有多重要？可能很多家长也知道，我们每一个人的正常人体细胞中都有23对46条染色体，它们是一一对应形成的。在23对染色体当中，有22对为身体和大脑发育提供程序和指令，为常染色体，第23对叫性染色体，通俗地说，我们之所以能区分出男性和女性，是由第23对染色体决定的。因此，在探索自闭症成因时，就可以抛开第23对性染色体对孩子的影响了。

这里还要引入另外一个概念——碱基。文献告诉我们，基因的DNA分子呈双螺旋结构，中间有成对的碱基相连。这些碱基对的排列顺序影响着身体的发育和代谢。有的孩子身体发育出问题、代谢出问题，就可以从DNA当中碱基的排序上找到原因，这就诞生了现在对人类基因组序列的排序、测序的研究。

从这一个角度上来讲，孩子的发育和成长也许很大程度在受精卵形成的时候就受基因影响了。尹烨博士提供了另一组数据：中国每年大概有1700到1800万个新生儿诞生，深圳每年有20万个新生儿诞生。从全国的数据来看，目前新生儿的缺陷率已经达到5.6%。这说明中国每年至少有几十万个孩子会出现遗传病或者罕见疾病，这些遗传病或者罕见疾病，都有可能会涉及到基因序列问题，从而被列入基因的测序或基因组的研究对象。

26. 基因对孩子的影响可改变吗

生物学家告诉我们：我们的发育、行为、个性甚至智力，基本都属于多基因遗传，受到很多基因的影响，其中每一种基因的影响都是十分有限的，所有这些方面又可能受到环境的影响。

有很多人类基因组测序的科学实验已经应用到临床实践当中。人类基因组包含2万多个基因，基因间的相互作用非常复杂。很多家长在给孩子做自闭症诊断时，一旦听到孩子自闭症成因属于基因问题，家长就陷入痛苦、绝望，甚至不知所措的状态。也有很多家长认为基因问题就是不治之症，似乎永远不可改变。

我想用一些基因的科学研究以及实验数据，让家长了解，如果孩子的自闭症是属于基因导致的，我们既可以寻求基因的解决方法，同时我们还可以带入社会心理环境改变的方法，共同作用于孩子的后续治疗和康复，也许会让家长从另外一个角度获得一些新的启发。

2011年生物学家的一个研究告诉我们，社会文化等环境因素也可以决定某些基因能否被启动。科学家用大鼠做了一个实验，他们发现缺乏舔舐幼崽这个正常的母性行为，会阻碍糖皮质激素受体的基因表达，该受体具有调节应急激素的作用。这句话的意思是：如果一个孩子缺乏母爱的话，他对后天的这种应激的压力会更为敏感。

科学家的这个实验恰恰与我们前面讲到的母婴互动关系对孩子成长的影响相吻合。一个孩子非常需要在他从出生后的婴幼儿期到儿童期的发展期间，从妈妈这里获得安全和可信任的关系，如果不是这样，孩子就变得敏感。

2006年的一个科学研究告诉我们，稳定的人格特质和认知能力，约有一半来自基因的影响；记忆力、空间感受力等具体认知能力的遗传性约为32%～62%；遗传因素决定认知能力的稳定性，而环境因素则使这一稳定性发生改变。我们通常认为基因是不变的，是非常稳定的，但当一个妈妈和孩子因为社会文化以及家庭养育环境因素的带入，也许就会让这个稳定的基因发生改变，当稳定的基因发生改变的时候，基因对孩子的影响也会随之而改变。

另一项来自2003年的研究表明，童年生活不稳定等负面生活事件，对人的影响可以超过基因。

母爱缺失将严重影响一个人的神经内分泌功能和今后行为及情绪反应。所以，从这些方面看一个孩子的成长，早期的抚育跟生活经历对孩子影响非常大，这为我们前面讲到的母婴互动关系的影响提供了很好的理论支持。

28. 什么样的养育环境可以对基因产生影响

今天我们带领大家回顾一下哪些母婴互动因素可以作为改变基因的环境因素，从而减少对孩子的影响。有了这些评估，家长就可以改变对孩子患有自闭症的基因因素的固化认知，这不是不可以改变的，父母可以通过养育方式的调整加以改变，这样就可能看到新的希望。

关于养育，之前的课程中谈到了几个部分，其中最重要的是，父母要知道对孩子后天发展影响非常重要的时期是婴儿期、幼儿期和儿童期，而这三个关键期中，婴儿期最为重要。

这三个关键期的划分是：婴儿期，即孩子出生后的18个月内；幼儿期，从孩子18个月到3岁；儿童期，从3岁到6岁。这是从发展心理学上做出的划分，都属于童年期范畴。孩子童年期的成长，固然有基因遗传对孩子的影响，但我们更加不能忽略的是母婴互动、家庭因素或者其他养育因素对孩子的影响。

科学家也从表观遗传学的角度论证了环境因素可以改变基因的表达。

因此，父母需要了解哪些环境因素可以改变基因的表达。我们可以从以下的列举中获得一些思考和回顾。

环境因素之一，妈妈在怀孕、生育、养育孩子的过程当中，有没有患精神类疾病如抑郁症、精神分裂症、偏执型人格障碍等。

环境因素之二，妈妈如果患有精神类疾病，对母婴关系最大的影响就是妈妈养育孩子的功能、角色上出现问题，孩子收不到所希望所期待的一个好妈妈带给他的后天的养育。

环境因素之三，妈妈有没有酗酒的行为。妈妈一旦酗酒，酒精对人体的作用会直接影响到胎儿。还有孩子出生以后，妈妈给孩子提供的养育环境就会受影响。妈妈在酒精作用下，不可能像一个正常、健康的妈妈那样带给孩子全方位的养育和呵护，妈妈的很多敏感度会缺失和丧失。

环境因素之四，妈妈在她的成长过程中，有没有受过虐待等心理创伤。如果有这些情形发生，当她做了妈妈以后，有了自己的孩子，她会常常通过孩子唤起过往的创伤体验，从而影响乳汁分泌、敏感度或者积压了更多情绪，这些都会对孩子产生影响。

当这些因素一个又一个浮现出来的时候，作为妈妈，一旦发觉孩子患有自闭症，便很容易归因到遗传和基因的问题，而忽略了后天的养育因素，而这部分才是父母应该注意并且可以改变的因素。

29. 妈妈的流产和意外事件对孩子的影响

这一节我们仍然聚焦环境因素对于遗传因素的影响。

谈到环境因素，在与自闭症家庭的接触中，我们有时需要带领妈妈回到对妈妈怀孕过程的评估上。其中很重要的是，妈妈是否有过流产经历。如果妈妈在怀这个孩子之前有过流产经历，当受精卵一天一天分裂成为胚胎，也许子宫的环境对这个孩子来说就没有那么安全。

我们需要考量的是：妈妈的流产经历是自然流产，还是人工流产？有多少次？每次流产所带给妈妈的身体影响或者心理影响是否在这个孩子孕育之前已经消除？一旦这些影响没有消除或者没有任何修复，妈妈就会在带伤带病的子宫环境里怀下一个孩子，这就有最大的可能性对下一个孩子产生影响。

我们还需要考量的另外一个环境因素是，妈妈在怀孕的过程中，是不是因为工作繁重等原因，导致在精力体力上不能全身心地把专注力落到胎儿或者这个孩子的发育和成长上。通过与自闭症家庭的接触，我们发现一个现象，也是在文献中提到的，自闭症患者的父母，很多是高知，要么是博士、博士后，要么是研究员、教授，或者属于科研领域、科学领域的高贡献者。所以，有的时候就要问妈妈，在怀孕的过程当中，你的专注力是在胎儿身上吗？你的所有的专注力是否都放在科研或者学业上，而无法关注到肚子里的胎儿，如果是这样，受精卵或者生命胚胎，可能就会收到不被重视、不被关注的信息。所以当一个妈妈发生这些情形，导致对生命体有忽略、漠视甚至是排斥的现象时，也不失为一个环境的因素对孩子所产生的影响。

有时，我们还需要问的是，妈妈是否出现久怀不孕或者怀孕过程中生病的情况，或者是孩子一出生的时候妈妈就去世了，或者爸爸去世了，比如地震或者其他意外事件导致这种情形发生。如果孩子是在这样的环境中出生的话，这个孩子先天的子宫环境和后天的养育环境都不是孩子想要的，孩子会迅速发生变化，这对孩子后天的适应能力和人格发展都会造成非常大的影响。

对于自闭症的评估，如果仅仅从遗传因素的角度思考，而忽略妈妈流过产、怀孕过程和心情等资料，或许会丧失很多有价值的辅助信息。对孩子的评估，我们就会丢掉一些视角。

30. 男性精子的数量和质量是否对生命质量产生影响

这一节我想探索一下爸爸对孩子的生物学影响因素有哪些。

近期我看了一部美国的纪录片叫《性解码》，这个影片提供了一些数据，让我们从父亲的角度来评估对孩子生物因素的影响，或许可能支持大家打开另外一个维度来看父亲对孩子的影响，或者从其他生物因素来看对孩子的影响。

这部影片提供的第一个数据是关于健美运动员的。男性健美运动员为了健美的需要，会使用一种药物叫类固醇。该药物会使健美运动员的肌肉增强，但是这个药物的一个副作用是会损伤男性性腺，导致生殖能力出现问题。第二个数据是来自孟加拉国。这个国家以出产香蕉而闻名。在20世纪80年代，很多种植香蕉的男性蕉农因为使用化学品、农药，特别是二溴氯丙烷这种杀虫剂（又称DBCP），导致丧失了生殖能力。后来这些蕉农起诉杀虫剂公司，获得法院判赔。

第三个数据是，男性如果常穿紧身裤或者经常洗桑拿、泡热水澡或者过度手淫都会导致精子数量减少。第四个数据是，塑料的广泛使用会改变荷尔蒙的平衡，对胎儿有特别大的影响。第五个数据是，现在很多人采用冻卵、代孕、试管、体外受精的方式让妈妈怀孕，这些方式对胎儿也会有影响。

之前谈到，男性数亿个精子当中，只有一个精子和女性每个月排出的一个卵子结合，产生一个受精卵，慢慢地分裂形成生命胚胎。所以，一个男性如果精子的数量少，质量又没那么好，一旦和女性的这个卵子形成受精卵，会不会从基因的角度对胎儿产生影响？我们可以从基因的错序假设来做些探索。关于基因错序，尹烨博士举了一个例子比较明了。他说，人类的基因就相当于一副扑克牌。扑克牌有4个花色，每一个花色都有从2到10再到J、Q、K、A这样的排序，如果在排序过程当中突然出现2、3、4、5、6、7、7、9、10，J、Q、K、A这样的排序，就可能导致基因序位出错，这样就可能产生基因的问题。

31. 影响胎儿发育的多种可能性

人类基因组测序越来越成为人们关注的焦点，因为基因十分复杂。

我们过去知道患有唐氏综合征的孩子，就属于第21对染色体出了问题。所以对唐氏综合征这一类儿童的干预，很多时候是聚焦到基因的探索和研究上，要从基因的角度分析，如何避免相关染色体出现问题，以及采用怎样的基因手段才可以对孩子后天的发育和发展产生改变。

无论怎样，现在自闭症专家仍然认为：即使是唐氏综合征的孩子，如果加强母婴之间的互动、发挥家庭系统的功能作用，会对孩子后天的发展有帮助。

关于父母的生理和生物因素，哪一些改变会对胎儿产生基因序列上的影响，科学界一直在探索中，但有一些显性的要素是我们可以知道并且避免的。比如上一节所谈到的来自爸爸的因素：穿紧身裤、用类固醇、用化学品、用塑料、使用农药，或者经常酗酒、吸毒、接触高辐射危险品、物质滥用等。这些都是可以影响受精卵质量和胚胎发育的因素。也有研究称，妈妈在生产时使用催产素，会导致孩子出生以后出现发育障碍。所以，当代科学如果足够跟得上自闭症症状发展的研究的话，我们可以大部分依赖科学研究和实验数据来寻找自闭症成因。目前全世界自闭症专家和科学家，都在努力探索自闭症的生物成因，有的时候可能划归基因上，有时候可能就划归到神经发育的影响上，尚无定论。

如果家长怀疑孩子可能在基因上出了问题，不妨带孩子到一些专业且有公信力的机构做检测。这或许可以帮助家长们排除基因的原因，或者对基因问题找到后续更有针对性的治疗方案。我希望家长可以获取一些相关资讯帮助孩子准确治疗和康复。这也许为父母们提供了一个排除法的评估视角。也就是，当孩子出现问题，我们可以先从基因的角度进行评估，如果排除基因的问题，可以再去神经发育的影响因素上评估，如果又排除神经发育的影响因素，我们再做母婴养育的环境因素评估。当我们选择了这种立体多维评估，可以最大限度减少孩子被误诊的可能性。

32. 神经系统的工作机制

这一节我们聚焦到自闭症成因中神经发育这个生物因素的探讨。

文献告诉我们，要想理解我们的行为、情绪和认知过程，最核心的就是要了解神经系统。而大脑是神经系统的龙头，所以评估时需要把大脑的工作原理与神经系统结合在一起。

神经系统是机体内对生理功能活动的调节起主导作用的系统，主要由神经组织组成，分为中枢神经系统和周围神经系统两大部分。中枢神经系统又包括脑和脊髓，周围神经系统包括脑神经和脊神经。

大脑是非常非常复杂的。一个人脑平均包含1400亿个神经细胞。神经细胞又叫神经元。神经元的作用是控制我们每个人所有的念头和行动，然后负责传送信息，也就是说把我们的所有念头和行动信息传递出去。神经元是通过神经递质这种化学物质把信息传递出去的。神经元由胞体和突起两部分组成。

当一个人出现了神经系统疾病的时候，可能现在医学检测手段往往就落在对神经递质的检测上。而神经递质又包括谷氨酸和γ-氨基丁酸；5-羟色氨；肾上腺素、去甲肾上腺素；多巴胺等。所以，当孩子神经系统出问题，往往检测这些神经递质的多与少以及对神经发育的影响，进而就可以有针对性地使用药物进行干预。

有研究表明，如果大脑中有神经炎症或者自身免疫性脑炎，也会让孩子产生自闭症的症状。如果可以对孩子的相关生物指标进行检测，可以排除这些因素的影响并能够有针对性地进行干预。

33. 神经递质的功能

科学研究表明：一个人的神经递质有100多种。临床上常见的有两种，第一种叫单胺类，第二种叫氨基酸类。

上一节我们谈到谷氨酸和γ-氨基丁酸这两种神经递质，都是调节一个人神经兴奋度的，要么就是让神经兴奋起来，要么就是抑制神经兴奋。

比如有人得了抑郁症，他跟之前的状态相比，会表现出无论对成人还是对孩子的关注度降低，活跃度减少，兴奋度降低。这有可能是他大脑中两个相应的神经递质出现了问题。所以在临床上，会检查患者是否因为器质性的病变而造成神经递质释放异常。

另外一种神经递质5-羟色氨，它还有一个名字叫血清素。血清素调节我们的行为、情绪和思维过程。所以这个神经递质水平如果极低的话，就和反应过敏有关了。目前已知血清素与控制肠胃蠕动、敏感性和分泌有关，它也是负责控制愤怒的信使。如果这个神经递质水平较低，也常常与攻击行为、自杀、暴食症、过度性行为相关。除了精神科专业的检测和治疗外，我们在生活中，可以通过降低压力、良好的睡眠、多吃含氨基酸的食物等方法来提高血清素的水平。

去甲肾上腺素常常和高血压、心律失常相关。同时它也是一种阻滞剂。如果一个人血压高或者是心率忽高，可能我们就要检查他神经系统去甲肾上腺素内分泌的问题。

另外一种神经递质——多巴胺，常常与精神分裂症和成瘾障碍有密切关系。在抑郁症和注意力缺陷等多动障碍的发病当中也有重要作用。

之所以把这些神经递质拿出来跟大家做探讨，是让家长们了解一些大脑工作原理和神经系统的工作机制，当医生要求给孩子做脑电图、脑成像来检查神经系统发育是否正常时，父母有一些了解，会减少焦虑和恐慌，也可以让医生在帮助家长澄清和评估时更加深入和仔细。

34. 自闭症与药物治疗

我们在工作中遇到的很多家长会有一个想法：孩子一旦得了自闭症，用药物治疗是不恰当的，因为精神类药物对孩子往往会产生一些副作用，也不可能真正治疗自闭症。

这个说法有没有道理呢？有一定的道理，但是我们也不能忽视精神类药物对一些神经问题干预的有效性。

我们上一节谈到，神经递质属于脑神经当中的神经元之间传递信息的化学物质。当这些神经递质通过脑电图、脑CT、核磁共振等检测手段检测出问题后，神经学家和药物学家就联合生产了很多神经类药物，用于抑制或者激活大脑当中的神经递质。我们可以看到精神病学和神经科学的临床医生，在临床上常常对于患有精神类疾病、神经症或者自闭症的成人或者儿童，给他们处方这一类的药物，以此来缓解或者调节这些病人的症状。

对于家长来说，如果你的孩子通过科学的临床检验、检测，证明孩子的确在神经发育上出了问题，我们需要通过精神科医生的诊断，用一些精神类的药物对孩子的神经系统做一些干预和调节，这对孩子的脑神经发育是有效的。但是，我们又不能忽略的是，自闭症专家、精神科医生都认为，仅凭药物来调节一个人因为神经系统发育的困难或者障碍产生的自闭症症状，这还不够，还要通过环境因素来做一些补充性的调节，使症状获得全面的改善。而环境因素我们之前已经讨论过，如果孩子得了自闭症，家长需要重视抢救性康复治疗方案。

所谓抢救性康复治疗方案，是指在孩子越小发现自闭症倾向或者被诊断为自闭症，家长越要多维地了解孩子自身发育和教养环境的影响和交互作用，要把药物治疗和社会环境的养育因素同时带入，这对孩子的康复是非常有帮助的。而环境因素主要就是我们在第一部分强调的父母的角色和功能、父母和孩子的互动要素以及家庭环境对孩子的影响。

除此之外，家长在评估孩子神经发育的同时，也要评估大脑发育对孩子的影响。比如有的自闭症孩子出现语言问题、沟通交流问题，家长首先要及时带孩子去医院进行检查，检查孩子是否出现了大脑器质性发育问题，也要评估孩子的语言发育问题是否是因家庭互动要素导致的。因此，在评估中就存在三种可能性：第一要看孩子先天的大脑发育是否有问题；第二要看孩子是不是后天因为没有语言环境或者相关的刺激不够，没有激活大脑的相应区域发展；第三要看孩子如果大脑发育没有问题，是否因为养育过程中的输入不够，孩子的语言功能尚未激发出来，导致对沟通交流没有兴趣。

35. 大脑的功能分区

这一节我们聚焦在自闭症孩子出现的语言问题，并做些讨论。

我们在工作中发现，很多家长是因为孩子的语言出现问题从而带孩子去医院检查的，语言问题很容易被观察到。很多家长关注的是，别的同龄的孩子都可以说话了，我的孩子是不是也该说话了？如果2岁以后孩子还不会说话，家长就着急了。如果出现语言问题，要不就是被诊断为语言发育迟滞，要不就被诊断为语言功能弱化。

我们看到的自闭症孩子中，确实有的孩子要么就是讲话非常晚，要么就是讲出的字数非常少，要么就是已经三四岁了甚至五六岁了都不能讲话，一个字讲不出来，只会“啊啊啊啊啊”。

如果从神经发育的影响因素上来评估，大概可以从孩子的大脑发育来评估症状发生的可能性，以及大脑发育怎样影响孩子的语言发展了。

语言功能对应大脑的功能分区叫布洛卡区。一旦孩子在语言发育期没有发展出语言能力，我们建议家长带孩子去医院进行脑部发育检查，看看孩子是否存在大脑器质性病变的问题；如果孩子出现沟通交流困难的问题，家长就需要更多从家庭互动要素来进行评估了。

36. 孩子脑部受损与可能导致的症状

这一节我们依然以孩子语言功能发育的问题为例，来看自闭症与大脑功能的关系。

如果孩子的症状是语言功能出现了问题，我们需要妈妈核查的是，妈妈在怀孕的时候，有没有受过外伤，在孩子出生的过程当中，有没有受过伤。而这种外伤有的是妈妈知道的，有的也许是妈妈不知道的。

妈妈要回顾和检查，比如孩子出生时，医生接生的时候是否用产钳夹过孩子的头，过程中是否让孩子脑部受损。孩子出生以后，脑部有没有受损的情形发生。比如孩子玩的时候脑部不小心碰到哪里了，或者跟小朋友在一起玩的时候，你打我一下，我打你一下，然后不小心碰到了，或者爸爸妈妈打孩子的时候也可能让孩子这个部分受损。我们提示妈妈检查这些，目的是核对孩子的大脑在布洛卡区是否出现过主管语言的功能受损情况。当然，这些只是一种可能性。但我们不能忽略任何一种可能性的评估，我们把这些可能性的评估带入以后，就增加了我们更多的原因探索，会丰富我们的视角。

大脑发育对孩子的影响，在自闭症的孩子当中会有另外一种属于智力发展缺陷，或者智力发展迟滞的情形。这种类型孩子的原因会出在哪儿呢？文献告诉我们，有30%到50%的智力发展迟滞的原因是不详的，但是已知的原因中第一个叫遗传缺陷；第二个叫创伤性事故；第三个叫孕期感染；第四个叫接触酒精；第五个就是在生活环境当中受到铅或者高浓度汞的污染，这些情况都会影响到孩子的大脑发育。

另外，关于多动症的评估，许多研究发现多动症与前额叶皮层异常和执行功能受损有关。有这样几个原因已经被专家证明：第一个可能是早产；第二个就是母亲使用酒精或者抽烟，还有缺氧的情况，都可能导致孩子会出现多动症状。

37. 增加养育的视角进入评估尤为重要

我们在前36节中带领家长朋友在自闭症成因上做了一些探索。我们首先聚焦到母婴互动关系的评估；然后聚焦到遗传和神经发育的生物原因的评估。这一节，我想提示家长朋友，孩子一旦有症状出现的时候，我们的认知会自动化地、习惯化地外求，也就是外归因，通常先去医院求助医生。我们所接触的大量的自闭症家长，一旦发现孩子有自闭症三大症状苗头的时候，就不假思索地迅速带着孩子去医院找医生，甚至在全国各地找不同的医院、不同的医生，四处求医问药。当孩子的诊断结论一旦落到自闭症谱系障碍的时候，家长求医的行为就此告终，然后在陷入一段长期的痛苦和挣扎后，又开始到处寻求康复机构对孩子进行后续康复治疗。我们工作中就遇到过这样的家长，带着孩子去全国各大医院就诊，前面十几家医院的医生都说孩子不是自闭症，没有什么问题，最后一个医生给孩子下了自闭症的诊断，这个家庭才停止了求诊过程。在这个过程中，很多家长陷入悲伤、焦虑、抑郁、绝望等情绪，长期受到困扰。

经过前面36节到这里，我想更新家长的一个重要概念，就是我们在自闭症成因的探索上，一定不能忘记妈妈爸爸这个生命源头的重要因素带给孩子的影响。

每一个生命都是从受精卵开始经由母体诞生出来的，妈妈对于孩子来说尤为重要。所以我们才多次提示妈妈回顾从怀孕到孩子出生，从出生到后天养育，妈妈和孩子之间的互动关系是否形成安全可信任型的养育。基于这样的认知，我们或许可以引领父母们做出一些认知上的改变。通常一旦孩子出现自闭症的症状，父母就只有去医院找医生一个办法，医生更多的是聚焦在现在的症状，而我们希望在过去传统的、自动化的惯性认知中增加新的视角和元素，把孩子的过去也加进来，就是重新回看、检查妈妈和孩子之间的母婴互动关系、养育的方式方法以及家庭环境等因素，把这些角度结合在一起，可以帮助医生以及自己更全面地评估孩子的情况。爸爸的因素除了孕育之外也不可或缺，但从妈妈和爸爸两者的功能权衡来说，科学实验以及临床数据表明，妈妈对孩子的影响是先于爸爸的，所以每个妈妈都要知道自己对孩子来说是非常非常重要的。目前全世界的自闭症专家和精神病学家，在自闭症的治疗上达成了一种共识的观点，即不能忽略妈妈的养育因素，也不能忽略家庭的影响因素。但是，目前我们看到的情况是，当前的医疗机构并没有花费更多的时间和精力投放在母婴互动要素的评估以及家庭影响要素的评估上，临床医生在给孩子做诊断的时候，往往习惯了只对孩子的生物因素，要么是遗传，要么是基因，要么就是脑神经发育这些部分做一些检测，再结合一些量表，主要是根据医生的经验来做诊断，而在社会文化环境和母婴互动关系因素的评估上，就显得所占的比重较轻。

但是作为父母，我们可以做的是，把医院的生物学检测及医生的诊疗方案和我们对于孩子的孕育成长经历的了解和父母自己多角度的学习和思考都加进来，把这些结合在一起，再重新评估一个疑似自闭症的孩子，也许会变得更加客观和公平，也会让很多妈妈从无助和绝望中变得放松，并从中减轻了压力，看到了希望。这对一个生命来说无疑是负责和尊重的。

38. 如何识别自闭症以及自闭症的误区

关于自闭症的成因，我们用了前37节的篇幅跟家长朋友做了分享。从这一节开始，我们评估自闭症的症状。

了解自闭症的人或许都知道，自闭症有三大症状。症状一：社会交往障碍，也就是说在社交上出问题了。症状二：交流障碍，也就是在语言上、沟通上出问题了。症状三：兴趣狭窄或者是重复刻板的行为，也就是重复一个动作、行为、游戏或者一句话，似乎没完没了。

那么，当孩子出现这三大症状的时候，是不是就意味着他得了自闭症呢？

下面是我们工作中碰到的一些家长带孩子去诊断自闭症的原因：孩子在小的时候，不愿意和其他孩子玩、不愿意大人抱、不喜欢大人触摸他的手和脸等；或者孩子不爱讲话，很腼腆，很内向，大人教他讲话他也不讲；或者孩子玩的时候，会非常专注地玩一样东西很久很久。出现这些情况时，有的家长就怀疑孩子是不是出问题了？是不是不正常呢？怎么跟其他的孩子不一样啊？孩子是不是得了自闭症呢？然后，有的家长就带着孩子去儿童医院做各种各样的测试和检查，或者直接让精神科医生帮助看看孩子是不是得了自闭症。但在我们工作人员和孩子互动的过程中常常发现家长的描述和孩子的表现有很大的差别。

工作中，我们接触到一个自闭症家庭的时候，会和妈妈一起做"50项评估问卷"，同时和孩子互动并观察孩子近2个小时，当我们对照自闭症三大症状时，却很难对号入座。所以，有的时候我们会问，在自闭症的成因和治疗方案都不明确的当下，把这个自闭症的标签如此简单地贴到孩子身上，对于孩子来说是公平的吗？是客观的吗？

我想通过爱因斯坦的例子来跟大家做一些分享。

大家都知道爱因斯坦是伟大的物理学家。但或许很多人不知道，爱因斯坦小的时候说话非常晚，到3岁了还不会讲话，另外学走路也非常慢；上学时大多数学科的成绩都不好；记性也不好，对老师提出的问题都不能给出清晰的答案。爱因斯坦又是一个腼腆、沉默寡言的孩子。所以，在他小的时候，常常被大人认为是发育迟缓，或者被其他孩子看成是迟钝呆滞的孩子。他的爸爸妈妈也怀疑这个孩子是不是智力发育有问题，或者哪里出了问题？但爱因斯坦的一个叔叔给了他一个能转动的罗盘，爱因斯坦就对这个罗盘非常感兴趣。他会非常专注地观察这个罗盘，走到哪里都带着罗盘，并一直专注地看。然后，他就想为什么这罗盘的指针总指向北呢？看到这里，如果你是爱因斯坦的家长，当你看到这个孩子有这些表现的时候，你会不会认为他得了自闭症？说话晚，不沟通，行为又刻板，学习又不好，记忆力也不好，你是否会给他贴上自闭症的标签呢？也许在那个时代还没有自闭症这个词，但当父母看孩子出现这些行为症状的时候，可能就误认为我的孩子出现了问题或者生病了，然后就带着孩子去各处诊断和治疗。现在我们都知道爱因斯坦智力非常高，没有任何结论确认爱因斯坦患有自闭症，他反倒成了一个非常伟大的物理学家。

爱因斯坦的成长经历告诉我们什么呢？我们做父母的，观察孩子的行为不是一时一刻的，我们要把孩子一系列成长的轨迹和发展心理学对照，再结合对大脑神经系统的检测来综合评估孩子是不是得了自闭症，这样对孩子来说才是公平和负责的。

39. 如何看待医院给出的自闭症诊断

这一节我再给大家举一个黑泽明的例子。

黑泽明是日本非常著名的电影导演。大家如果看过他的电影，就知道他拍过《姿三四郎》和《罗生门》这样伟大的作品。很多人知道这个大导演，但可能很少有人知道其实在他上小学的时候，学习是非常吃力的。在最初的两年里面，他跟不上学校的学习进度，上课的时候只能安静地坐在座位上自娱自乐。后来，老师就把他的桌椅移到教室的墙边，远离了其他的同学，并且经常冷嘲热讽说黑泽明这个孩子可能不理解问题，认为他的理解能力出现了问题。在这样的环境下，黑泽明的压力是很大的。

所以，我们想想，如果一个孩子小的时候，就被认为是学习吃力的、跟不上的，理解能力差的，甚至他很愚钝、很笨，这对孩子是怎样的打击？如果这个时候，家长不能设身处地了解孩子的内心感受和真实原因，反而认定孩子有问题，去找精神科医生、自闭症专家给孩子检查，直到获得自闭症诊断，这对孩子的影响该有多大啊！

每一个生命都经历从生命胚胎形成到出生，再到一个月、三个月、一周岁、一岁半、三周岁、学龄前、上学这样的成长历程。这些都属于发展心理学研究的范畴。发展心理学告诉我们，孩子每时每刻、每天每周、每月每年都会有不同的变化。如果父母足够细致和细心的话，会观察孩子每个成长的细节和变化，有的妈妈甚至会给孩子坚持做成长日记，直到孩子上幼儿园。我也遇到过一些妈妈，当孩子出现所谓自闭症症状时就开始惊慌失措了，她们会不由自主去找医生，然后把目标放到去求证孩子是不是患有自闭症上，一旦孩子被诊断为自闭症，就把孩子治疗和康复的责任交给医生或者老师，而忽略了探寻孩子成长过程中可能存在的原因。特别是那些从小就不是妈妈亲自哺育抚育的孩子，成长过程中的影响因素就更加值得父母注意。

我们之所以坚持父母在孩子出问题的时候，先回到家庭养育上进行回顾和检查，看看孩子的哪些症状属于养育导致的，哪些是非养育因素导致的，是因为我们试图让父母通过这些评估和回顾，消除紧张和焦虑，放松压力和心情，解除不必要的担心和疑惑。而有的时候，我们从医生或者医院那里得到的结论，也许只是一个医生的个人观点，或许这个观点是片面的，或者这个观点是主观的。我们要了解精神类疾病的诊断很多时候是靠医生的经验，这就会有主观判断的误差。心理学家大卫·罗森汉恩曾做过一个实验，他派8个人假装精神病人，而实际上他们是记者、作家和心理医生，去精神病院看病，说自己听到脑子里有砰砰的声音。结果8人中7人被诊断为精神分裂症，另一个人被诊断为躁狂抑郁症。他们都被要求住院治疗了一段时间，虽然他们没有任何症状，但医生都坚定地相信他们确实有精神病。所以，诊断中的误诊率也会提示我们，对于孩子的自闭症诊断，如果单单依靠现在表现出来的症状，有些时候会错失很多孩子成长轨迹中的非症状因素，而这些非常有可能是孩子形成现在症状的重要的因素。

所以，我们希望家长能够站在发展心理学的角度，带着医生和医院的检测结果和诊断做参考，把孩子在发展成长轨迹的非症状因素，逐一梳理，形成链条，再有针对性地一个一个做出评估，这样才有可能降低或者排除孩子“被自闭症”的风险。

40. 人际交往障碍的解读

从这一节开始，我会带领家长朋友解读自闭症的几个症状。这一节聚焦在第一个症状——人际交往障碍的解读上。

谈到人际交往，我们都不陌生，也就是孩子和其他人建立人际关系的过程。关于这个部分，我们要从以下两个角度去思考：

第一个角度：我们要看孩子在出生以后，特别是在一周岁以后，能不能建立主动交往的行为动机或者行为过程。

主动交往，也许我们要从孩子出生以后的主动意识说起。孩子出生以后，能够睁开眼睛的时候，就会盯着妈妈的脸追着看，这是婴儿最早的主动交往意识。慢慢地，婴儿的眼睛就会盯着养育者、照料者，并与养育者和照料者有交互的表情。婴儿在100天的时候，主动交往的意识范围就扩大到家庭成员了。这就发生了新的变化，婴儿的眼睛会从盯着妈妈，转向盯着像妈妈一样的养育者，再转向爸爸或者其他人。这个时期，婴儿身体语言的主动性也增强了，他会从喜欢让妈妈、爸爸抱，转向家庭中的爷爷奶奶、外公外婆等。从这些表现来看，婴儿主动交往的过程就慢慢发生并持续发生一些新的变化。如果父母把他抱出去和其他小朋友在一起，就更加能够从他的眼神和动作中看到有没有和其他小朋友建立这种主动交往的意识和过程。有的孩子看到其他小朋友的时候，会主动地伸出他的小手来招呼其他的小朋友；有的孩子看见其他大人走近他，跟他打招呼，或者要抱他的时候，也会用他的身体语言来回应，表示愿意跟他们建立互动关系。当孩子从出生到1个月，再到100天，以致到1岁、2岁、3岁，如果在养育过程中，养育者对孩子的声音回应、表情回应、身体回应很少的话，孩子会自发切断主动交往的意识。所以，孩子不但在家庭里不能与养育者进行主动互动，当100天后把孩子抱出家门跟其他小朋友接触的时候，孩子主动交往的意识会明显不够，孩子既不能用眼神跟其他小朋友主动交流，也不能用身体语言传递主动交往意识，而孩子可能更多的时候是缩在妈妈的怀里，头紧贴妈妈的身体，特别是遇到陌生人的时候，孩子会表现出更加害怕，我们常说的“认生”现象就会越发表现强烈。

第二个角度：被动交往。被动交往有时也可以成为回避退缩的动机和过程。评估孩子被动交往的意识首先要看他小的时候，与妈妈或者照料者的安全型依恋关系发展得是否足够，也就是妈妈亲他、抱他、搂他、抚摸他的时间和频次够不够，如果不够的话，孩子也许从和人际交往的第一个重要的人——妈妈那里，就形成了被动交往的动机。孩子一旦出现人际交往被动情形，我们就需要妈妈核查和回顾母婴依恋关系的养育过程了。

如果一个孩子内在安全感足够，他在人际交往中的主动意识就会越强烈，行为过程也越持久。孩子内在安全感越缺乏，主动交往的意识就会越弱，行为的安全半径越短，后续人际关系发展的能力越滞后。

41. 父母怎样为孩子人际交往创造情境和条件

上一节我们谈到了孩子在社会交往当中是主动的还是被动的。现在我们放到另外一个角度去考量，就是家长有没有给孩子创造人际交往的情境和条件。

我先分享一个心理学实验——陌生情境实验。这个实验就是当妈妈把孩子放到一个陌生情境中的时候，看孩子多长时间回头找妈妈；以及让妈妈离开一段时间又回来的时候，孩子看见妈妈回来，他的表情和表现是怎样的。

当孩子在一个陌生情境中的时候，妈妈需要观察孩子能不能和其他的孩子建立一个新的关系，或者如果有其他陌生人在现场的时候，看看孩子能不能和这些人建立关系。

讲到这里，我们邀请家长们为将上幼儿园的孩子做一个评估，来检查孩子的内在是否已经准备好和妈妈分离。在上幼儿园前，妈妈可以给孩子刻意制造一个情境，就是妈妈离开孩子一段时间，然后把孩子交给爸爸或者其他带养人，之后观察孩子的几个反应：第一看孩子多长时间会哭；第二看哭的过程当中孩子会用怎样的方式来找妈妈；第三孩子要哭的话，看他哭的时间长短；第四看孩子和照看者以怎样的方式相处。

这样我们就会看到：当一个孩子离开妈妈以后，他内在的安全感够不够，如果够的话，他就很快和陌生成人、陌生小朋友建立属于他的新的人际关系，而这些新的人际关系如果让他不受伤害，不受危险和威胁，就能让他很好地跟其他小朋友玩在一起，能让他在人际关系当中获益或者获利。

如果妈妈在孩子上幼儿园前一周的时候，没有给孩子创造一个陌生情境，或者没有带孩子去幼儿园熟悉幼儿园的情景、熟悉幼儿园的老师、熟悉幼儿园的环境，比如他吃饭的地方、睡觉的地方等，孩子入园后便难以适应，孩子会表现出来大哭找妈妈，喜欢自己一个人待着，或者在幼儿园不吃饭不睡觉等行为。当然，有些孩子即使没有这样的过渡和熟悉过程，也很快可以适应幼儿园的生活，除了安全感外，一些孩子的天生气质也是一个影响因素，外向型的孩子与他人建立关系会容易些，所以家长需要观察孩子的状态，然后做出相应调整，不能一概而论。

另一方面，我们要看的是，父母有没有制造让孩子出现人际交往障碍的其他因素，这个因素也曾在之前讨论过。第一个因素就是孩子有没有被轮流放到很多家庭养育，如果有的话，孩子不长期在妈妈身边，也许就会给孩子内在安全感的建立带来了困难和障碍。所以孩子在建立人际交往的过程当中，即使他是有意识，即使他想主动，但是因为他内在安全感不足，因为害怕和恐惧而出现了一些被动的人际交往状态，制约了他的主动性。在我们接触的自闭症家庭中，有很多家长因为孩子无法适应幼儿园的生活，而怀疑孩子是不是因为自闭症的原因无法建立社交，在这个问题上我们不能忽略孩子内在安全感的不足所产生的影响。

最后，我们要看父母在孩子人际交往的条件上，有没有设置一些干扰性因素，让孩子不能大胆主动与其他小朋友和其他的人建立人际关系。比如，我看到有的爸爸妈妈在养育孩子过程当中，往往把孩子养得很独，这种独表现在只养在自己家，不允许孩子和其他小朋友玩、打招呼等。或者爸爸妈妈故意制造一种不安全的情境，导致孩子不敢去外面跟小朋友玩，比如经常吓唬孩子外面有坏人把你抢走怎么办？其他小朋友打你怎么办？其他小朋友如果手上有病菌、病毒影响到你怎么办？我曾经看到最过份的一个妈妈，给一岁左右的孩子穿好戴好，并把手和脚都戴上手套、脚套，然后把孩子带到外面。如果有大人想逗逗这个孩子，妈妈会主动说，我们不希望别人碰我们。我想这样的养育对孩子的人际交往，一定会带来一些障碍和困难，让孩子不能很好地发展出自主性的人际交往。

42. 妈妈是推动孩子身体语言发展的关键

这一节我们聚焦到如何评估孩子出现人际交往障碍的另外一个因素——孩子的身体有没有准备好，也就是我们常说的身体语言发展。

我们看一个孩子建立人际关系，有的时候需要主动意识，表现在“想”还是“不想”；有的时候需要他的主动行为，比如主动说话、打招呼、主动靠近和接近他人的行为，而孩子的身体是否为此准备好，这个部分就和母婴互动有非常大的关联了。

那么父母怎样评估孩子的身体有没有准备好呢？从孩子100天到3岁期间，你带他出去的时候，观察孩子的身体，他是否主动跟其他人建立关系，主动和其他植物、动物建立关系。养育好的孩子，到100天以后把他带出去的话，他的眼神、他的表情、他的小手，他的身体语言就自动地向外寻找和探索；当一周岁的孩子被带出去的时候，他会主动挣脱妈妈的怀抱，跟小猫小狗建立关系，想去摸摸它、逗逗它，想去招呼一下它；或者跟外面的小朋友建立主动关系，只是有的时候他会回头来看妈妈。如果能够这样，说明他的身体已经准备好了，如果不能够，说明他的身体还没有准备好。

孩子的身体语言非常精准地反映孩子的内心世界。孩子有时是主动的，有时是被动的；有时是积极的，有时是回避的；有时是勇敢的，有时是胆怯的；有时是扑向妈妈怀里的，有时又是拒绝任何人触碰的。这些都属于孩子的身体语言，也是我们评估孩子社交能力发展的重要指标。

我们要关注的是，孩子如果身体准备好了，这与妈妈带给孩子的安全感相关，而这种安全感来源于孩子在小的时候母婴依恋关系发展得好，也就是妈妈常常搂他、抱他、抚摸他、亲他、给他洗澡，还有母乳喂养。现在都在提倡给孩子做抚触，而皮肤的接触也是母婴依恋关系中很重要的部分。孩子和妈妈的皮肤接触足够充分的话，会让孩子从身体上接收到来自妈妈的爱，感受自己的身体是安全的，自己走到哪里都可以相信自己，就不会有那么多害怕了。这部分不足的孩子，一旦把他从妈妈的身边抱开，他会迅速转身扑向妈妈；或者当他想伸手跟其他小朋友玩，又会突然缩回来；或者有其他的成人来招呼他、想要抱他的时候，他会迅速转身跑向妈妈。所以，当一个孩子的身体表现出害怕、拒绝、退缩，甚至排斥，或者有个别孩子出现攻击现象的时候，父母要解读孩子的这些身体语言，我们要问自己，孩子究竟发生了什么？孩子在和妈妈的互动关系、依恋关系上究竟是怎样养成今天这个样态？如果父母可以在孩子的养育上找到原因的话，就需要给孩子“补课”，把过去没有做到的重新补足到孩子身上，推动孩子的身体一点一点感受安全，当孩子越来越延展他安全感的半径，就可以和小朋友玩的次数越来越多，交到的朋友会越来越多，和成人的接触也会越来越多。这样他就越来越少地回头找妈妈，或者是一旦碰见那些他觉得不安全的因素出现的时候，他会用他自己的判断来选择是不是要回头找妈妈，或者以怎样的方式来和外面的这个人、事、物建立属于他的互动关系，从而发展出他的人际关系能力。

43. 父母的人际关系是孩子发展人际关系的模板

我们常说，父母既是孩子的老师，又是孩子的榜样。同样，在孩子的人际关系的发展中，每个父母都需要从自己的人际关系上做些回顾，看看你的人际关系怎样？你的人际关系又是怎样影响到孩子的人际关系的？

孩子出生以后，看到的第一个人际关系就是妈妈和爸爸的关系。虽然孩子不会讲话，只是在看，但是在孩子观察过程当中，其实妈妈和爸爸之间的互动已经不知不觉进入到他的记忆里了。他会听到妈妈用怎样的声调、语气、语速跟爸爸说话，妈妈的表情是怎样的，看到爸爸是如何回应妈妈的，爸爸的语气、声调、表情是怎样的。这些都通过孩子的眼睛和耳朵进入了孩子的记忆。所以，如果妈妈爸爸之间的关系是有爱的，彼此关怀、彼此支持和信任的，孩子在进入社会化发展过程中，也会发展出这种亲社会人际互动行为，和他人的关系自然而然就会发展得良好和顺畅。如果孩子从小看到妈妈爸爸相互间既不能有话好好说，又不能有事商量着办，或者经常吵来吵去，彼此冲突，那么孩子长大了也会习得这样的人际关系相处模式。

孩子从婴儿时期看到的第二个关系就是妈妈和奶奶爷爷等其他家庭成员之间的互动关系，也会从中受到影响。

比如，我们在电视上看到小品或者电视剧里妈妈常常对奶奶说难听的话，要么嫌弃、反感，要么讨厌、排斥，孩子有时也听到妈妈经常背地里说奶奶的坏话。一旦孩子长大了，用同样的语言跟妈妈也这样说话的时候，妈妈便会质问孩子为什么这样跟自己说话，而孩子顺口就说，“还不是从你对奶奶的说话中学来的？！”这会让妈妈汗颜。中国文化里强调“仁义礼智信”，告诉了我们无论是对孩子，夫妻之间，还是对长辈和兄弟姐妹，在说话处事中都需要学习尊重自己和对方，这是给孩子做的最好的人际关系相处的榜样。

一些孩子从婴儿时期会看到的第三种关系，就是只有和妈妈的关系或者和爸爸的关系，而没有爸爸妈妈同在的完整和交叉关系。

这就是我们常常说的单亲家庭的结构。如果一个孩子从小的时候就生活在单亲家庭里，要么只和妈妈在一起，要么只和爸爸在一起，孩子便只熟悉和单亲一方所形成的关系，而不熟悉和另一方的关系。比如，一个女孩从小由单亲妈妈养育，而生活中很少接触男性。这样的孩子，或许只熟悉和习得与女性相处的模式，一旦上幼儿园、小学、初高中、大学，以及成年后进入社会，这个女孩就不知道如何与男性相处，要么就感觉尴尬和拘谨，要么就表现出害怕和回避，这对孩子社会化人际关系的发展会产生非常大的影响。同样，如果一个男孩从小就和单亲妈妈一起生活，这个男孩也会缺少与男性相处的经验，故而要么选择对男性排斥，要么就不知如何是好，在社交中就显得单一、幼稚、不成熟。所以，我们看到一些自闭症孩子发展出社交障碍时，不妨提示单亲妈妈做出这些回顾，或许可以从中获得新的认知。

44. 孩子的语言能力与妈妈的养育推动

这一节我们带领家长朋友就“沟通能力发展障碍”这个自闭症症状来做一些讨论。

谈到“沟通”，我们自然就会和语言联系在一起。一个孩子的语言发展能力也许从胎儿期就开始了。如果妈妈稍微有一点背景知识，可能都懂得孩子在胎儿期就能分辨妈妈的声音了。文献告诉我们，听觉在婴儿出生前已经发挥作用了。胎儿对声音是有反应的，而且学会了如何分辨声音。

从进化的角度来讲，胎儿在子宫内对声音和语言的早期认知，是建立胎儿与母亲之间联系的基础。这对婴儿的早期生存是非常关键的。既然胎儿对声音和语言的认知是和妈妈密切相关的，我们就不能离开妈妈这个主体进行评估。

一个孩子出生以后，会通过哭声来表达需要，而妈妈的回应对婴儿来说就显得格外重要。比如妈妈抱孩子的时候，常常就像哼唱摇篮曲一样嗯、嗯、嗯……如果有这样声音的话，其实对孩子语言的发展、认知的发展、心理的发展都会起到非常重要的作用。

所以孩子天然希望妈妈有求必应。比如，当婴儿听到妈妈的回应，“哎，宝宝！妈妈来了，妈妈在这儿！”即使他听不懂是什么意思，但是他知道有妈妈在回应，然后妈妈常常在他醒的时候，就看着他的脸，微笑着跟他说话，即使孩子听不懂妈妈在说什么，但孩子会从妈妈带着爱的表情、带着喜悦兴奋的脸庞和咿咿呀呀的对话中解读出爱的语言，这对于孩子的前语言期的发展是至关重要的。

心理学有一个实验，叫“人脸识别”。这个实验会让出生后三四个月大的婴儿看着妈妈的脸，然后由妈妈做出两种表情，一种是快乐、喜悦、兴奋的表情，一种是难过、悲伤、焦虑不安的表情，然后观察孩子的反应。当妈妈做出快乐、喜悦、兴奋的表情时，观察者观察到，孩子的表情和妈妈脸上的表情是一模一样的；当妈妈的表情突然变得难过、悲伤、焦虑不安时，观察者观察到，孩子的反应立刻表现出急躁、不安、不知所措，甚至有的孩子想转身离开妈妈。这个实验说明孩子会天然识别妈妈的表情，哪些是快乐的、哪些是开心的、哪些是喜悦的，哪些是他不想看到的。当孩子看到妈妈出现他不想看到的表情时，他就会用他的不知所措、焦躁不安，甚至想回避、想躲避这样的肢体语言来告诉妈妈这些是我不想要的。由此可见，孩子的语言发展能力第一部分来自妈妈哼哼呀呀的吟唱、孩子咿咿呀呀的学语以及妈妈的回应；第二部分来源于妈妈的表情符号，这会让孩子学会分辨爱的语言。而这两部分是孩子社交能力的基础。

45. 儿童前语言期的发展

从这一节开始，我们会详细讲一下孩子的语言发展。在这一节中，我们先聚焦语言发展的第一个时期——前语言期，我会把心理学家相关的研究成果拿来给大家做一些分享，增加家长们在孩子的语言和沟通能力方面一些新的评估和新的视角。

心理学家认为孩子的语言发展是一种社会行为，它的发展分为几个阶段，其中第一个阶段是前语言时期，就是咿咿呀呀学语期。这期间成年人通过重复婴儿发出的声音，帮助婴儿逐步接近真正的语言。

从这个阶段的发展来看，这个期间成人的重复很重要。婴儿在投入的游戏中，会跟着成年人重复这种声音。

有一项研究成果表明，父母模仿婴儿发出的声音，会影响婴儿发声的数量，还会影响婴儿语言学习的节奏。也就是父母重复什么，婴儿会下意识地跟着重复什么；还有父母用怎样的节奏来重复这样的语言，婴儿也许会跟着这样的节奏。这些都有助于婴儿体验语言的社会性。

语言的社会性包括数量、节奏，以及后期我们所形成的语音、语调、语气、语感，这种语言的社会性也帮助婴儿感知到语言交流中的包含、交替和轮流的结构。

心理学家所做出的实验表明，大多数婴儿似乎在7个半月到8个月大的时候，就能理解到语言的社会性了。甚至早在4个月大的时候，婴儿就在躲猫猫的游戏中表现出对于成年人进行社会互动的敏感性。比如妈妈躲到玩具的后面，然后孩子就会跟着妈妈的视线来找妈妈；比如妈妈又藏在桌子底下了，婴儿也会跟着妈妈的声音去找妈妈。

还有照料者可以通过一些方法帮助婴儿理解口语单词，比如照料者可以指着玩具说，请给我那个猫咪，然后就鼓励婴儿跟踪自己的视线去寻找猫咪。如果婴儿没有任何反应，成年人可以拿起玩具告诉宝宝，这是猫咪。

一个对孩子长程跟踪的研究发现，妈妈对9个月大，或者13个月大婴儿的发声和游戏做出反应，能够预测婴儿语言发展里程碑的时间。比如，这个孩子所说出的第一个词或者第一个字的时间。我之前谈到爱因斯坦3岁的时候才会说话，但是爱因斯坦说话有一个特点，他跨越了咿咿呀呀学语期，他一说话的时候就直接说成了句子。这些是怎样发展出来的呢？如果你的孩子在前语言期没有咿咿呀呀的阶段，或者有的孩子在学语期停滞，妈妈会不会认为这个孩子前语言期的发育出现问题呢？而有的孩子说话晚，但是一旦会说话，就说出完整的句子。

所以，今天我们说前语言期，请妈妈们做一些对照和回顾，看看孩子在上述部分的发展，可能就可以评估出自己孩子在语言发展中所遇到的问题了。

46. 父母怎样促进孩子的词汇发展

这一节我们聚焦到孩子语言发展的第二个重要时期，叫词汇发展期。我仍然通过文献来帮助大家增加这部分的理论知识。

心理学家认为，婴儿通过倾听成人说的话来学习语言。成人说什么话，婴儿会学什么话。当婴儿开始说话时，父母和照料者可以重复最早说出的字或词，促进婴儿字和词的发展。

1991年得出的一个研究结论是，母亲说某些特定词的频率与儿童习得这些单词的时间顺序存在正相关。比如妈妈给孩子喂奶的时候告诉孩子，这是奶瓶、这是奶嘴、这是小勺子、这是苹果、这是香蕉等，这些都会帮助孩子的词汇发展。当孩子接触这些的时候，父母一而再、再而三地重复，当重复量足够大的时候，孩子就记住了，孩子再看见这些东西时就知道了，原来这是苹果、这是香蕉、这是奶瓶。孩子的词汇量就发展了。

母亲健谈与否与儿童词汇量的多少，也是紧密相关的。换句话说，母亲每天说多少话，说怎样的话直接影响孩子掌握词汇的数量和质量。美国有一个研究结果表明，社会经济地位较高的母亲使用的词汇会更加丰富，说话的时间会更久，她们的孩子在2岁时掌握的词汇量会更大，而且大约是普通儿童的8倍。这是因为在美国，一个妈妈如果受教育程度高、经济收入好，带给孩子的教育在选择上也许会更优化或者更优质。同时，这些妈妈的语言的词汇量也会更好。所以，妈妈健谈，在家里经常说话，并且语言质量比较高的话，会影响孩子对词语的学习和积累。低收入家庭的儿童掌握词汇量的差别较大，这在很大程度上依赖于母亲使用词汇类型的多样性，尤其是在儿童2岁时就可以明显看到差别。

另外值得关注的是，在一个家庭中不仅仅是妈妈“说”重要，其他家庭成员的“说”对儿童语言和词汇发展以及对语言的敏感性和反应性也同样重要。2004年的一个科研数据表明，父母对儿童的敏感性和积极关注，以及在游戏中给儿童提供的认知刺激，均可以预测儿童在2岁到3岁时积累的词汇量和认知发展水平。

我之前会疑惑，很多家庭说不同种类的语言，比如深圳有些家庭中妈妈讲客家话，爸爸讲潮汕话，外婆又讲粤语，这会不会影响儿童的语言质量和词汇的发展？心理学家告诉我们，儿童习得每种语言的时间其实很相似，并且与指定一种语言的儿童的节奏会相同，这叫作语言的语码混合。

47. 你会用儿语化语言与孩子沟通吗

这一节我们聚焦到孩子语言发展的第三个重要时期——儿语化语言发展期。

儿语化语言的特点：讲话的速度要放慢、声调要变高；用比较夸张的、抑扬顿挫的语气来讲话；语言和语句要简单；还要有夸大重音，就是哪一个词有重音，就要把这个词夸大出来；要使用简短的词和句子不断重复。

不论你会不会说儿语化语言，当你有了孩子或者当你接触孩子的时候，也许就迅速会说了。但是，当孩子长到一周岁了、上幼儿园了，成人的儿语化语言能力就需要跟着孩子变化了。我们常常听到有的孩子问父母："你说的是什么？我听不懂！"而有的父母还觉得自己说得头头是道，却没有关注孩子是否听懂。所以，父母需要学习用孩子的语言和他沟通，不但能说儿语化语言，还要随着孩子的长大，让儿语化语言时刻伴随孩子成长，能让孩子与你更好地用儿语化语言交流。

如果爸爸妈妈，特别是妈妈，能够在孩子婴幼儿期用儿语化语言与孩子交流互动，对孩子的语言发展是有很大的推动和影响作用的。我们把这一部分语言也称为“亲子语”或者“妈妈语”。

有的家长朋友观察到，早教机构给孩子做一些早教训练的老师，当用“亲子语”或者“妈妈语”跟孩子说话沟通的时候，孩子会很快与老师进行配合互动训练。在幼儿园的老师，即使是一些男老师，也会很自然地做到这一点。一些儿童，像小哥哥、小姐姐也自然会用儿语化语言来跟小弟弟、小妹妹说话。

许多研究者认为：儿语化的语言可以通过语速的变化和夸张语气引导儿童关注不同的语音特征，帮助儿童来学习语言，提高学习速度。

比如有一个跨文化的研究，对美国、俄罗斯、瑞典的母亲和2到5个月大的婴儿所说的话进行录音，无论母亲说英语、俄语还是瑞典语，她们与婴儿说话时，都使用了比成年人说话更加夸张的语音。在20周大的时候，婴儿的咿咿呀呀语中就包含了和妈妈语言中类似的语音。这反映了母亲的语言会引导儿童注意语音之间的差异。所以为什么有的孩子会迅速学会客家话、潮汕话、粤语，甚至英语等，其原因恰恰是孩子在妈妈爸爸或者家庭的养育者、照料者跟他的语言互动中学会了这些方言方音，甚至不同的语种。

研究者认为儿语化语言的价值是，如果婴儿更多地倾听较复杂的成人语言并做出反应，那么他们开始说话的时间会更早而且说得更好。当儿童频繁地听到使用语法规则的复杂句子，并且形式多种多样的时候，他们发现语言规则的速度也更快了。

48. 父母是否制造了孩子语言和沟通发展的干扰因素

前几节内容，我们通过一些心理学家的文献、科研结论，为家长朋友在孩子的语言和沟通能力的发展方面增加了新的认知。这一节我们要探索和讨论的是，如果你的孩子在语言期，无论前语言期、词汇发展期，还是儿语化发展期，家长有没有在孩子语言和沟通能力发展的过程中有意无意制造了一些障碍因素？

第一个要问的是：作为妈妈，有没有把孩子放在自己的身边，有没有亲力亲为伴随孩子所有语言期的发展？

比如妈妈是不是从咿咿呀呀的回应开始？妈妈是不是经常重复孩子的儿语话？当孩子一点点大了的时候，妈妈有没有给孩子读绘本？有没有带孩子看漫画？有没有给孩子讲故事？有没有带着孩子一起看动画片，同时把动画片中的人物语言带到孩子的语言发展过程当中？

如果妈妈都一一做到了，孩子的语言和沟通能力会迅速发展起来。如果妈妈没有这样做的话，我们就需要评估妈妈错过或者忽略了上述语言发展关键期的原因。

我们在具体工作中，会接触到一些有语言和沟通发展障碍的孩子，首先要评估妈妈在主动示范孩子语言发展方面的能力是否足够，如果妈妈这个能力不够，爸爸有没有把这个功能补充进来，或者其他家庭成员有没有补充进来。有的父母，特别是妈妈，是否因为工作或者身体原因忽略了这部分。

我们在工作中会遇到这样的情况，父母因为各种原因把孩子交给代养人来带养，而代养人因不懂得孩子语言发展的关键期特点，和孩子的语言交流很少，并且让孩子长时间看电视，代养人则做他自己想做的事情。看电视是单向的、没有互动的，孩子不需要和电视进行语言交流，这使得孩子的语言功能迟迟没有发展出来。还有，在孩子快到上幼儿园的时候，因为某些原因父母没有及时把孩子送入幼儿园开始幼儿教育，从而丧失了孩子与幼儿园小朋友一起在互动中发展语言能力的社交环境和情境。

第二个要问的是：孩子在语言发展过程当中，父母有没有做出一些干扰性的、限制性的，或者是强迫性的行为，让孩子一定讲这样的语言，而不能讲那样的语言。比如，有的孩子哭的时候，会边哭边说，哭说不停，有些父母会因此产生很多情绪，然后不准孩子哭，也不听孩子说的是什么，久而久之，孩子的语言就被深深压抑了，导致有的孩子有时只能张嘴做说话状而发不出声音。或者有些极端的情况，孩子越哭，父母越是打他，孩子越说，越是打得厉害，让孩子的语言和情绪都一起压抑到身体里了。

第三个要问的是：父母有没有在孩子儿语化语言发展期，一定让孩子讲父母希望的成人化语言。比如，我曾经接触到一个6岁的男孩，他常常滔滔不绝、出口成章地讲话。后来我观察发现，当他完成爸爸妈妈指定的语言或者沟通任务后，竟然不会说儿童语言，不能和其他同龄的孩子说在一起，玩在一起。后来经过了解才得知，原来这个孩子的奶奶曾经是一个小学的校长，从小就培养这个孙子刻意地学说成人化的语言，有时甚至是说八股文式的句子。这个例子告诉我们，语言既不能超前发展，也不能滞后发展，父母只有在孩子语言发展的关键期与他进行同年龄相适宜的沟通，才是对孩子最好的推动和促进。

49. 孩子的自言自语是正常的吗

这一节我们聚焦在孩子语言交流障碍当中另外一个部分的评估——自言自语。

有实验表明：孩子在4岁到10岁过程当中是自言自语的阶段。

所谓的自言自语，就是自己和自己说话。其实1岁以内的婴儿有时会自己发出咯咯的声音，2到3岁的儿童在玩的时候，躺在床上的时候，也会发出一些谁也听不懂的声音。很多心理学家就把它当成自言自语的前置发展阶段，但是真正的自言自语是孩子在4到6岁的时候发展出来的。

心理学家告诉我们，自言自语会有以下表现类型：

第一个类型：重复语句，孩子像在用语句玩游戏。有这类表现的孩子会重复一些词语、声音，或者进行押韵的背诵。

第二个类型：有的孩子会一个人进行幻想式游戏。例如常常对物体说话，孩子会把一些物体幻想成人、玩偶，或者动物，然后就对着这个物体说话；还有的孩子在游戏当中经常进行角色扮演，比如他说我是大灰狼，我是变形金刚，我是蜘蛛侠等，然后在角色扮演当中说一些角色说的话。

第三个类型：有的孩子是用情绪宣泄表达的方式来自言自语，表现为直接向自己来表达情感或者感受，而不是说给某个听众，比如有的孩子对着自己说，喊着自己的名字，你是不是很快乐、你是不是很开心、你是不是又生气了等。

第四个类型：有的孩子在大一点的时候，表现出以自我为中心的交流。比如他在与另外一个人交流的时候，常常表现出表达的信息不是很完整，也不是特别清晰，他人也不能理解，其实他只是想找个对象说话，而说的是他自己头脑中想法的一部分。这些都属于孩子自言自语的表现方式。

当孩子进入到这个时期，父母一听到孩子在自言自语的时候，应该怎样回应？比如有的父母就会跟着孩子，做“嗯”“啊”这种回应，或者说，“哇，宝宝说得真好哇！”“哦，宝宝玩得真开心呢！”如果父母可以这样回应，孩子听到了就会感知到父母听懂了，当孩子知道他说的这些话和内容已经被父母听见了，然后父母又回应了，他会继续自言自语，至于父母回应的是不是他想要的并不重要，重要的是你有了回应。但有的时候父母不回应，或者做干扰性的回应说，“哎哟，你自己在这胡说些什么呀？”“你烦不烦呐？”“你特别让我烦心，特别影响我，你不要在这烦人了，你不要这样讲来讲去了。”有研究表明，大多数儿童从3岁开始就非常健谈了，并且他们很在意自己的言论对他人的影响。如果父母做出上面这些回应的话，也许对孩子在自言自语阶段的语言发展上，就会产生一些干扰，或者产生一些障碍。

一般情况下，男孩的语言发展往往滞后于女孩的语言发展。这一点也需要父母在回顾和核查的时候加入到参考因素中。

50. 孩子语言发展的共性规律

今天我们跟家长朋友分享一下孩子语言发展的共性规律，给家长做些参考，也许会解决家长的一些困惑。

发展心理学家通过观察和研究，得出一个共性的结论：一般来说，3岁的儿童能够使用900到1000个字；到6岁的时候，大部分儿童的表达性词汇量已经达到2600个，对英语国家来说，会达到2600个单词。

这说明一个孩子的语言发展，其实到3岁的时候才初露端倪。这就提示我们，孩子讲话的早晚会有差异性。很多家长疑惑有的孩子1岁多一点的时候就会讲话了，我的孩子为什么不会呢？其实，孩子在1岁多刚开始学说话的时候，是处于前语言发展期，孩子都是从先学单字开始的。比如讲“爸爸”“妈妈”时，孩子只讲“爸”“妈”这些单字，而且他发出的第一个语音，往往是很容易发出的语音。孩子慢慢才把单字变成叠字，即开始说两个同样的字，比如妈妈、爸爸或者宝宝这样的字。然后再慢慢增加字数，到3岁的时候，一个孩子能够使用的字，发展好的，就可以达到900到1000个了。但是有的孩子也许到3岁还不会说话，像爱因斯坦一样，这是不是属于正常的呢？

其实，每一个孩子都会有差异性，家长最需要的就是保持一份耐心，然后看看妈妈有没有在孩子每一个语言发展的关键期有意识有目的地陪伴孩子发展出不同的语言功能。

孩子4到5岁的时候，开始学会使用句子了。每次平均会说一个句子，里边包括4个到5个词。句子也许是陈述句，也许是否定句、疑问句，这些孩子都会说。

4到5岁的时候，孩子也开始会讲故事了，他会把句子穿成串儿来讲故事。

5到7岁的时候，孩子的语言就越来越像成人了。他们会使用更长更复杂的句子。

有的妈妈认为自己的孩子语言发展迟缓，那原因来自于哪里呢？2006年的研究结论告诉我们，大概有5%到8%的学前儿童表现出语言的发育迟缓。寻找原因时，除了查看家长是否在孩子不同语言发展阶段带给孩子语言培养的因素外，我们还要考量孩子是否存在听力问题、头部脸部畸形、早产、家族病史、社会经济因素的问题，以及其他方面的发育迟缓等因素，这些因素都可能造成语言发展迟缓。遗传因素也可能在孩子的语言发展中起到关键作用。

那么说话晚的儿童是否会像爱因斯坦那样，在后面的发展中赶上来呢？这就要看孩子的理解能力是不是正常。如果理解能力是正常的，其实到6岁左右的时候，最终都会赶上其他儿童。如果理解力出了问题，可能我们就要让孩子接受一些治疗了。如果不接受治疗的话，孩子在认知方面、情绪方面或者社会化方面的发展，就会出现一些障碍。

51. 孩子喋喋不休是刻板重复行为吗

今天我们聚焦到自闭症的第三个症状——兴趣狭窄、刻板重复的行为来做些探讨。

没有接触过自闭症儿童的人，可能会对孩子出现的所谓兴趣狭窄和刻板重复行为感觉莫名其妙。

我们先从孩子语言上重复刻板的现象进行评估。

我们接触到的有些孩子进到咨询室，嘴里就一直喋喋不休，只重复一个词或者一句话，一直不停地默念或者叨念。他不知道别人是不是在听他，甚至他自己也不知道自己叨念的是什么，只是把这些简单的词重复、重复、再重复。

可能我们有过这样的经验，有时我们在街上会碰见成年的精神病人，无论男性女性，嘴里一直不停地说，要么就说一件事儿，要么就说一个人，要么就是沿着一件事儿好像在讲故事一样，一直在滔滔不绝地讲。

但是，当我们回头看自闭症的孩子，如果自闭症孩子也是一直不停地自言自语，你会认为他和成年的精神病人的说是一样的吗？你是否知道孩子为什么要说？他说的话的意思是什么？有时我们看到不同的家长对孩子做出不同的反应。有的家长看到孩子不停地说的时候，会对孩子做一些制止：“你不要说了！”但孩子还是没有停下来。有的家长会蹲下来耐心地问孩子：“你在说什么呢？能不能告诉妈妈？”我们观察到，当孩子感觉妈妈参与进来的时候，眼神和表情会和妈妈有些交流，但还是坚持说个不停。而有的家长却置之不理，甚至放任孩子的喋喋不休。

那么，在区分孩子出现上述症状是否符合自闭症的诊断标准时，家长需要把过往的学习带入一起评估。

关于语言的重复，我们提示父母：要把孩子语言重复的刻板行为，和孩子在正常语言发展阶段，比如自言自语阶段的表现区别开来。孩子在正常的语言发展阶段，会重复一些单句、单词，特别是说话晚的孩子，也许重复的时间会久一些。如果家长做出了区分和鉴别，就不会把孩子一段时期以来的自言自语或者重复那些叠字、叠词、叠句当作是语言发展异常，从而认定孩子出现了自闭症中语言发展的刻板重复行为。

52. 孩子经常学说别人的话是否属于刻板重复行为

孩子有的时候会学大人的话，大人说什么，他跟着说什么，大人说一句，他就重复一句，说两句他就重复两句，这也属于重复刻板行为吗？

有的家长说，我的孩子无论在家里还是在外面，无论是对父母和家人，还是对外面陌生的人，经常学说别人的话，你制止，他也不听，还是继续重复，有时还做鬼脸，这样的孩子显得很没有礼貌，是不是得自闭症了？当孩子这样做的时候，也许很多家长就会误认为自己的孩子得自闭症了。

有的时候，孩子会说一些“怪言怪语”。也就是孩子突然说一些话，你听着很怪，他自己也许觉得很怪，也许不觉得很怪。其实这是孩子在语言发展过程中的正常现象。

当这个现象发生的时候，家长要有一个敏感度。所谓敏感度，就是家长需要做些觉察和评估。这些孩子在语言发展过程中出现的阶段性的问题，是常常出现，还是偶尔出现？

是只在家里出现，还是在家里和在外面都出现？是只对熟悉的人出现，还是对陌生人也会出现？是想通过这些行为获得关注，还是觉得好玩？

如果孩子是偶尔或者短时期内出现这些行为，属于孩子在语言发展或者认知发展过程当中所出现的一种很正常的现象，家长需要做些正确引导，而不需要制止、指责或者惩罚孩子。如果孩子想通过这些行为获得家长关注，家长就需要回应，在孩子表现好的时候多给孩子认可和赞美，多给孩子一些个人时间。如果孩子不分场合、不分对象重复他人的话，且长期持续这些行为，家长就需要带孩子去看医生了。由医生来评估孩子是否患有自闭症，否则，孩子有的时候会被家长误导和误判。

53. 父母能够区分专注和刻板行为的不同吗

这一节我们聚焦在孩子的刻板行为上做些探讨。

比如有的孩子玩的时候只喜欢一样东西，他会非常专注地在那儿一个人去摸、去看、去琢磨。前文我们谈过爱因斯坦的例子，爱因斯坦在小的时候不但喜欢叔叔给他的罗盘，还喜欢蹲在地上看蚂蚁群，会看很久很久。再比如有的孩子只喜欢按照自己的顺序搭积木，别人不能有任何的参与，一旦你破坏了他的顺序，孩子就大哭大闹。我们还看到有的孩子会拿着一个瓶盖玩很久很久，或者盯着电风扇中间的齿轮看很久，有的时候甚至在原地盯着看一两个小时。

我曾经接触过一个妈妈，她告诉我，她带着孩子去商场，这个孩子看到商场的音箱，然后就站在音箱旁去听，好奇为什么这里会有声音？这个声音是从哪里出来的？孩子从正面听，侧面听，然后迟迟不肯走，过了很久，妈妈说我们回家吧，但是这个孩子还是不想走，妈妈就怀疑孩子是不是得自闭症了。

这样的例子屡见不鲜。有的孩子在走路的时候，只沿着他想要的方向走，而且来回地走，不能改变方向；还有的孩子只选择一种食物来吃，其他任何食物都不肯吃。

有些家长遇到上述情形，就开始紧张和质疑了。怀疑自己的孩子是不是出现了自闭症所谓的刻板行为？

此时，我们提醒家长增加发展心理学的学习和认知。家长需要区分出，哪些是孩子的好奇行为？哪些是孩子的探索行为？哪些是孩子的认知行为？哪些是孩子的个性特征行为？如果家长能够做出这些评估的话，就会把孩子的成长行为与刻板行为分开了，也懂得了孩子在成长中有时也会伴随着刻板行为发展，只是孩子的重复刻板行为属于探索和好奇的范畴。当家长多些了解，对孩子的认知就多了一个维度。

一个孩子出生以后，就开始带着好奇心来探知这个陌生的世界。孩子只要看到他过去不曾看到的、听到过去不曾听到的、感觉他不曾感觉到的，就觉得新奇。像爱因斯坦一样，会盯着蚂蚁群看，还会问怎么一堆蚂蚁在土里边爬来爬去？甚至用手去触摸，当蚂蚁爬到他手上的时候，他还是在那儿看，用手把蚂蚁甩掉以后，继续盯着蚂蚁看，他会看很久。即使你试图打断他，他仍然非常专注地在看。

还有的孩子对昆虫感兴趣，他们把昆虫放在手上，放在地上，放在桌子上，任由昆虫爬来爬去；还有的孩子喜欢看电视广告，甚至京剧，家长不知道究竟是什么会让孩子如此着迷。

其实很多的时候，父母都是站在自己的角度去看孩子，而没有站在孩子的角度看孩子。如果了解孩子在发展过程当中所出现的这种好奇心和探索意识，那我们就会推动孩子这种好奇心的发展和探索意识的培养。如果这样的话，我们要跟随孩子的这种专注行为，看看能跟随多久，看看孩子在什么时候才能转移和分散他的注意力，而且他这一次行为发生了以后，和下一次的关联又会是怎样的？他会不会把好奇转换到另外一个事物上？如果能够这样的话，孩子好奇心的宽度就增大了。如果孩子只对一样东西好奇，也许他只专注一样东西。

我们常常听到一些画家、一些科学家的故事，他们专注地做一件事或者钻研一个领域，久而久之，他们就成为了这个领域的专家。

如果家长不能区分孩子的专注与刻板行为，有时候就给孩子贴上了行为刻板和兴趣狭窄的自闭症标签。所以，我们希望多些角度评估孩子，把孩子正常的认知发展和专注行为与自闭症所描述的刻板行为分开，对孩子来说，就更加客观和公平。否则，孩子会因为家长的误读受到不应有的伤害。

54. 孩子发生刻板行为的例外

一些家长看到孩子只喜欢一个事情而不喜欢其他事情，就把孩子归类到兴趣狭窄了，这样的评估或者结论，有时未免有些偏颇。

每个生命都是独特的，都是独一无二的，都有各自的差异和不同。从大脑的发育来看，每个人都有独属于他的优势。比如有的孩子先天听觉特别敏感，有的孩子触觉特别敏感，而有的孩子视觉特别敏感。如果一个孩子有这些优势的话，家长就需要关注他的这些优势，发现这种优势资源相对应的敏感目标常常聚焦到哪里，从而对孩子做出准确的评估。

有时候我们会发现，有的孩子会特别固着于一个"物"，会在这个"物"上产生特别强烈的固着性的情感。比如有的孩子常常抱着一个玩偶，任何时候他都不放下。妈妈带他出去的时候不放下，送到幼儿园也不放下，吃饭的时候不放下，睡觉的时候也不放下，甚至妈妈在他已经睡着了，把这个玩偶移开的时候，孩子会迅速醒来，或者醒了以后看见玩偶不在了，就开始大哭。

我在咨询室看到有的孩子会吸吮手指，最大的孩子都已经七八岁了，还吮手指，甚至有的十七八岁的青少年，无论在任何场合仍然会常常吸吮手指。

当这些行为发生的时候，我们家长所持有的观点和态度是什么呢？是不是认为这个孩子的行为就是异常的，并认为孩子是兴趣狭窄呢？

孩子每一个行为背后都具有一定的心理学意义。如果家长能够解读出孩子行为背后的心理学意义，就不至于给孩子评估为兴趣狭窄了。

我之前在自闭症成因的评估上谈到过依恋这个词。依恋就是孩子和妈妈之间在婴儿期、幼儿期所形成的亲密的关系。

如果一个孩子不是跟妈妈在一起长大，或者妈妈没有那么多的时间来陪伴孩子长大，比如妈妈不能每天花些时间抱孩子、亲孩子、抚摸孩子、搂着孩子、给孩子母乳喂养等，孩子就会用“替代物”来代表生活当中的妈妈，满足他的依恋需求。孩子选择象征妈妈的替代物最多的就是玩偶、毛巾、枕头，以及过去包裹孩子的被子等。当孩子缺乏母爱的时候，孩子的补偿心理就会推动孩子寻求这些带有“妈妈味道”或者“像妈妈一样”的心理学象征物，放在自己身边，陪伴自己，实现妈妈缺失的替代满足。如果父母知道这个理论，父母就不会把孩子的依恋行为解读为兴趣狭窄或者刻板行为了。

孩子吸吮手指的行为，也可以归因于孩子依恋期发展的不足够。如果对精神分析理论了解的话，会知道孩子在童年发展过程中有一个时期叫口腔期，口腔期和一个孩子接受母乳喂养的部分是密切相关的。如果一个孩子接受母乳喂养不足够，可能会用手指代替乳头来获得安慰和心理满足。

当父母获得这部分的理论认知，就会自然而然理解孩子的行为，从而澄清认知上的误区。

55. 父母了解孩子的内心世界吗

今天我们带领父母讨论一下，当孩子出现了刻板行为和兴趣狭窄的自闭症倾向时，父母如果去阻止他、制止他或者转移他注意力，孩子会怎样？

比如，有的孩子常常在地上转圈儿，一直在转呀转，父母喊他停，他也不会停，父母用身体去阻止他，让他停，他也不会停，一旦被强迫停止，孩子就会突然暴怒，暴怒之后就开始摔东西，开始大哭，甚至会出现打人等攻击性行为。

再比如，有的孩子会对某一样东西的味道非常敏感，他会抓住那样东西去闻。有的孩子会闻妈妈的鞋、爸爸的鞋，或者闻袜子，尽管袜子上面有臭味儿，他也会闻。当妈妈阻止的时候，他就大哭，然后躺在地上打滚儿，哭闹很久以后才能停止。

我们之前从生物学角度探讨了神经发育、大脑发育对自闭症成因的影响。父母既不是自闭症专家，也不是神经科学专家，更不是精神病学家，所以，父母在认知上都是有限的。即使是自闭症专家、神经科学专家以及精神病学家，也许也不完全知道孩子此时此刻的大脑的活动机制是什么，为什么会原地转圈，又会转多少圈或者多长时间？为什么会喜欢闻常人不喜欢闻的味道？人类往往是从已知推向未知，所以，每个人的认知都是有限的。

转圈也好，闻臭味也好，即使是刻板行为，就一定属于异常吗？有多少人能够获得这些体验呢？又有多少人会感知到这些孩子内在的那种美妙呢？宇宙有宇宙的智慧和秩序，每一个生命也像宇宙一样有它独特的秩序和智慧，只是我们做父母的是用我们的体验来感受孩子，而这个体验仅仅是基于我们对自身的了解。

孩子是父母两个人的爱情结晶。对于这样一个生命来说，他的生命承载了父亲和母亲两个人的遗传基因，也许除了遗传基因，还覆盖着父母各自生命存在的差异和独特的发展印记。我们之所以说每个生命都是独一无二的，就是因为任何一个生命都不可能被完全地感知，即使是同卵双胞胎，也不可能完全一样。所以，有的时候孩子会用独特的生命体验来感知他内心那份独属于他的美妙，而这些美妙也许是永远不能被别人所感知的。

因此，当我们一旦用传统的、惯常的认知标准来衡量和评估的时候，也许对于孩子来说，就等于破坏了他内心的美好，破坏了他生命的秩序。

所以，一个孩子一旦有刻板行为发生的时候，当你阻止他、干扰他、制止他，他会有情绪。作为家长，就需要知道孩子的情绪是什么？孩子的情绪有多少？这些情绪各自指向什么？情绪的发生和发展又有怎样一系列的变化？父母也要观察，孩子一旦有情绪的时候，会不会出现攻击行为？而一旦出现攻击行为又和情绪具有怎样的牵连？攻击行为会持续多久？情绪结束的时候，孩子又会回到怎样一种状态？

我们之所以要观察孩子的情绪平复以及攻击行为的停止，是想评估究竟是父母作用的结果，还是孩子自发作用的结果。当做出这些回顾的时候，我们可能会更多地理解一个孩子内心世界是怎样形成和发展的了。

第三部分

关于自闭症诊断标准的探讨

56. 自闭症从诊断学上被孤独症谱系障碍所取代

从这一节开始，我想把关于自闭症的诊断标准，纳入到和家长的探讨中。

前55节，我们分别就自闭症的成因及自闭症的症状和大家做了一些交流，带领家长们回顾核查孩子从胚胎到出生，从养育到后期发展过程中出现了什么？父母觉察到了什么？我希望大家在回顾和反思中能够获得一些过去不曾关注的，对孩子今后治疗、康复，以及后期成长训练有益的信息。为了准确起见，从这一节开始，我们一起对照自闭症诊断标准，共同解读一下孩子出现什么行为、到什么程度、持续多长时间就可以诊断为自闭症了。

目前国际上采用的自闭症诊断标准是美国DSM-Ⅴ（以下称DSM-5）版本。这个版本也适用于中国，现在已经是第五版了。

从这个版本来看，自闭症属于神经发育障碍。临床医生对孩子进行自闭症诊断，依据都是DSM-5关于自闭症诊断的描述，也就是都要从神经发育障碍的角度评估孩子的症状。

我们之前讲了很多关于自闭症的成因，除了神经发育原因之外，还要看母婴互动关系以及家庭因素的影响等，还包括遗传因素，这些因素目前都还没被列为自闭症诊断标准可供参考的主客观因素。只是在自闭症的后期治疗和康复上，自闭症专家提倡或者主张让父母或者家庭更多参与到自闭症的治疗中，对孩子成长发育阶段当中出现的问题加以校正和补正，由此会让孩子后面的训练和康复更有针对性。

美国版本的DSM-5，全称是《精神疾病诊断与统计手册》第五版。该手册是从精神疾病分类学的角度，把所有精神疾病临床上进行分类，然后再在每一类下面列出具体的疾病名称以及症状描述。这样就把自闭症归到神经发育障碍这一类精神疾病当中。目前全世界统一按照这样一个标准，对自闭症进行诊断。这对全世界自闭症的统计和自闭症症状的归类是有非常高的指导意义的，也符合临床诊断标准。

关于自闭症的名称，过去在DSM-5版之前统称自闭症。在DSM-5改版以后，就把自闭症的诊断名称改为自闭症谱系障碍了，在中国称为孤独症谱系障碍。所以，从2013年起，诊断书的诊断结论统称为孤独症谱系障碍，而不再有自闭症这样一个名称。

58. 孤独症谱系障碍的两大特征三大指标

文献告诉我们，孤独症谱系障碍属于神经发育障碍，障碍的核心困难是影响个体感知他人以及进行社会化活动的能力。这是文献当中很准确的一个表述。因此，孤独症谱系障碍把之前自闭症三大症状中的前两项又以一个新的诊断名称“社会交流障碍”整合进来，从2013年开始更加规范了各个谱系障碍下面的一些具体症状。

关于孤独症谱系障碍的两种主要特征，DSM-5的原文是这样表述的：

第一特征：社会沟通与社会交往功能受损。

第二特征：狭隘和重复行为或狭隘和重复的兴趣或者活动模式。

诊断的标准是，上述两个特征都是在孩子童年期存在的，而且制约了孩子个体的日常功能。

为了评价这两种特征的受损程度，DSM-5又给出了三个受损的指标可供参考，即孩子的社会功能：

第一层级：是不是需要帮助？

第二层级：是不是需要大量帮助？

第三层级：是不是需要非常大量的帮助？

这三个等级就概括了一个孩子患有孤独症谱系障碍的轻度、中度、重度的标准了。临床医生在诊断的时候，会通过家长的描述或者测验、实验来看孩子这三个层级的受损程度，做出关于孤独症谱系障碍的诊断。

世界自闭症专家杜兰德在2014年提出了一个观点：每种帮助水平都是定性的描述，没有定量的指标。如果孤独症谱系障碍患者的表现不同于这些类别的话，那么这种主观性会给合理划分所需帮助水平带来一定的问题。

其含义是，无论是自闭症家长还是临床医生，一定要对孩子社会功能的受损程度结合临床症状进行定性定量的描述，以及定期、定性、定量的评估。如果患者表现出的不是以上所描述的，我们就不能给孩子做出一个孤独症谱系障碍的诊断。所以，对于这个诊断我们需要谨慎小心一些，这是对孩子的尊重和保护。这就涉及到我们之前讨论的，医生的观点、医生的建议，家长要不要全听全信，还是兼而有之地听？家长需要把养育经验以及自己的学习、认知、评估添加进来，这样得出的结论，对孩子来说才是客观的。

59. 如何解读孩子“社会沟通与交往功能受损”

这一节我们聚焦在孤独症谱系障碍所涉及到的“社会沟通以及社会交往功能受损”的另外一个特征——“他们不能发展与年龄相符的社会关系”上进行讨论。

什么叫不能发展与年龄相符的社会关系？

DSM-5引入了四个维度，帮助家长做出评估。

第一个维度：你的孩子是否存在社会互动问题。

社会互动，简单来说就是在互动上的“一来一往”。比如妈妈跟孩子互动时，孩子能不能也跟妈妈主动互动。也就是我们之前讨论过的孩子发展人际关系中的主动和被动。同时也要评估孩子和爸爸以及其他带养人是不是都能够进行这样“一来一往”的互动。

第二个维度：孩子的非言语交流能力是否发展出来。

非言语，也就是之前所说的肢体语言。换句话说，就是孩子的身体有没有做好准备与人互动。如果孩子身体做好了准备，即使孩子不说话，也可以用表情和身体的张力等表达他所想要表达的内容。比如，你想亲他的时候，他就伸出手或者缩回手，你给他东西吃的时候，他要么接过去要么拒绝，你要抱他的时候，他或者张开手臂或者转身躲开，这些都属于孩子表达社会互动的非言语方式。

第三维度：孩子能不能建立和保持社会关系。

当把孩子从家庭带到外面去的时候，家长要观察孩子能不能和其他小朋友建立关系。建立关系后，观察孩子跟小朋友是可以彼此分享玩具，还是各玩各的；是边玩边有说有笑相互交流，还是默不作声彼此没有联结。当孩子回到家里后，再观察孩子是否在你问他有没有好朋友的时候，可以记起这个小朋友，还是全当什么都没发生？孩子从幼儿园回家以后，妈妈可以问他今天认识了几个好朋友？如果孩子说认识了两个好朋友，又能叫出小朋友的名字并能描述小朋友的样子，或者第二天早晨起床的时候妈妈再问孩子，你昨天在幼儿园认识的好朋友，他们叫什么名字，你忘记了吗？如果孩子仍然能够说起他们的名字，记起他们的样子，描述起前一天发生的事，孩子就是建立和保持了社会关系。其实，孩子和老师建立的关系也是一样的，如出一辙。否则，孩子建立和保持社会关系的能力就没有发展出来。

第四个维度：孩子的注意功能。

临床医生诊断孩子是不是属于孤独症谱系障碍，另外一个评估就是看孩子有没有“联合注意”。

联合注意的意思是注意的兼顾。比如孩子如果想玩一个玩具，当他拿到后，如果妈妈在场，他会不会先看妈妈一眼，再拿这个玩具？或者是先拿起玩具再看妈妈；如果有小朋友在场的时候，他会不会先看看这个玩具再看看小朋友？或者他先拿给小朋友再看看妈妈；或者示意这个小朋友要不要一起玩。所以，当孩子能够同时兼顾到妈妈、小朋友、玩具的时候，这种联合注意的能力就发展出来了。

60. 自闭症的患病率和发病规律

这一节我想带给大家的，是关于自闭症发病率以及发病规律的一些数据，增加家长朋友的一些新视角。

第一个数据：美国2013年疾病控制和预防中心的报告显示，每50名学龄儿童中，就有1名符合孤独症谱系障碍的诊断标准。1/50的患病率，这是美国的标准。美国自闭症专家认为，患病率增长的绝大部分原因是DSM-5版本的变化，还有专家和公众对这个病意识的增强。不过这种变化背后的原因仍然很复杂，不能排除其他的环境因素。比如他们认为在生孩子之前，产前毒素暴露也可以导致这个患病率升高。

第二个数据：关于孤独症谱系障碍患者的男女比例，从1984年瑞士、1989年日本、1993年俄罗斯以及1990年中国香港报告的相关数据看，平均男女比例为4.4∶1。也就是在孤独症谱系障碍患者当中，如果有1个女性，就有4.4个男性，由此可见男性的患病比例要比女性高出不少。

第二个就是评估孩子是否在对话和互动上有情绪参与进来或者有情感联结。也就是当你跟孩子说话或者互动的时候，孩子是否会有快乐、喜悦、兴奋表现出来，或者表现出生气、难过、悲伤、沮丧等这些情绪。如果孩子没有任何情绪和情感表现出来并持续缺乏的话，即符合这个症状的诊断。

第三个就是评估孩子是否能够发起或响应社会互动。也就是孩子有时是不是主动找你说话，主动找你陪他玩，主动的互动意识是否足够。如果你想跟他说话、想带他玩，他完全不回应、不响应、不参与并且持续的话，即符合这个症状的诊断标准。

症状二：用于社会交往的非言语交流存在缺陷。这个症状是关于孩子身体语言发展方面的，包括以下三个评估维度的理解。

第一个评估维度就是评估孩子如果没有通过语言和父母互动，孩子是否用表情和眼神这些非言语信号向父母传递信息；还是孩子传递出来的表情和眼神与所表达的意思相悖，比如斜视、不恰当噘嘴、歪嘴或者不恰当偷看等。如果出现后者且持续的话，即符合这个症状的诊断标准。

第二个评估维度就是评估孩子是否出现难以理解的身体语言或难以理解的手势。比如有的孩子会把整只手放在嘴里啃咬，有的孩子会啃咬积木等玩具，有的孩子会拖着身体走路，还有的孩子会用手抓自己的头发或者拽自己的衣服。如果孩子出现这些身体语言，并且不能传递他所表达的信息，且持续的时间足够长的话，即符合这个症状的诊断标准。

第三个评估维度就是评估孩子是否完全缺乏面部表情和非言语沟通。比如父母从来没有看见过孩子流眼泪或是微笑，或者从来没有看见过孩子用眼神传递或是回应信息，或者孩子从来没有任何面部表情表现出来，如果这些症状持续存在的话，即符合这个症状的诊断标准。

特别需要提示父母的是，上述症状一定要符合“持续”的时间要求。如果孩子只是偶尔或者短期出现症状，都不符合诊断标准，只有上述症状“持续”至少6个月才符合诊断标准。

62. 如何解读孩子“发展维持和理解关系存在缺陷”

这一节我们仍然对照DSM-5孤独症谱系障碍中“多种场合下的社会沟通和社会交往存在持续性缺陷”的第三个症状的诊断标准原文，做些解读和分享。

症状三：发展维持和理解关系存在缺陷。包括：从难以调整行为去适应不同的社会环境，到难以共享想象性的游戏，再到交友困难。

解读一：如何评估“难以调整行为去适应不同的社会环境”。

我们常常通过一个孩子在成长中会不会看脸色行事，会不会随机而动来评估他社会化发展的能力和水平。如果孩子能够见机行事，孩子就会发展出维持和理解关系的能力。否则，孩子不但不会看脸色行事，即使他看到别人不开心也不以为然，或者即使看到别人兴奋、喜悦时也无动于衷，甚至别人悲伤痛苦时他还嘻笑，这些行为如果持续发生的话，即符合这个症状的诊断标准。

解读二：如何评估“难以共享想象性的游戏或交友困难”。

父母都有过给孩子讲故事的经历。如果你给孩子讲故事，孩子会一直跟随故事的发生和发展，要么聚精会神地听，要么不停地追问后续结果。如果你和孩子玩赛车游戏，孩子会积极参与进来，并预测后面即将发生的情况，或者一旦赛车开出跑道，孩子会用“如果怎么样，就会怎么样”的句式跟你互动。或者孩子看动画片的时候，他会跟着动画片的场景、音乐、语言等，追随情节的发生和发展。这些都属于孩子的想象空间共享情形。如果你给他一个想象的空间游戏，无论这个游戏多好玩、多有趣，他都进不来，也不能跟随并且持续的话，就符合这个症状的诊断标准。

解读三：如何评估“交友困难”。

交友困难表现在对同伴缺乏兴趣。孩子不能和任何人建立同伴关系，也不能和任何人交朋友。如果一个孩子不能用言语跟其他人打招呼，也不能用肢体语言跟其他人联结，再加上他又拒绝任何小朋友主动跟他打招呼或者肢体联结，且持续发生的话，即符合这个症状的诊断标准。

需要提醒父母的是，上述症状一定要符合“持续”的时间要求。而这个时间要求是指时间上的既往标准，是指孩子的症状从过去到现在的持续标准。如果孩子只是偶尔或者短期出现症状，都不符合诊断标准，只有上述症状“持续”至少6个月才符合诊断标准。

63. 如何解读孩子的“狭隘和重复行为”

这一节我们聚焦到孤独症谱系障碍诊断标准的B项——“狭隘和重复的行为”进行解读。

这一条的原文是：

B：狭隘和重复的行为兴趣或者活动模式，当前或过往有以下至少两项表现。

第一项：刻板或重复性地运动、使用物品或者讲话。

第二项：坚持一成不变，固守常规惯例，或有仪式化的言语和非言语行为。

第三项：兴趣范围极端狭窄固定，兴趣程度异常强烈或集中。

第四项：对感官刺激有过强或者过弱的反应，或者对环境中的感觉因素有异常的兴趣。

结合第61、62节，我们看到孤独症谱系障碍的A和B两个部分的诊断标准都是指“当前或过往”的时间标准。我们的理解是，如果从症状的时间维度上评估孩子的症状时，是要先看当前，再看过往。

“过往”是指什么呢?从国际自闭症专家给出的结论看，“过往”就要看孩子儿童期的发育和发展。儿童期是指孩子0—6岁的发育期。儿童期的养育，我们更要重点关注的是孩子0—3岁的养育。之前我们曾谈到，自闭症孩子的抢救性治疗和康复的关键期在3岁前。因此，3岁前孩子心理发育和神经发育是特别重要的。

接下来，我们逐一解读上述四个症状的内容。

第一项：刻板或重复性地运动、使用物品或者讲话。

这个症状我们在之前曾经讨论过。为了加深印象，我们再做些回顾。“刻板或重复性地运动”是指孩子在原地转圈，或沿着一条路走来走去等；“刻板或重复性地使用物品”是指孩子对玩具的摆放和排列、对鞋子和衣服的穿戴顺序等都要符合自己的秩序，一旦被破坏，孩子就会大哭大闹；“刻板或重复性地讲话”是指孩子自言自语，重复一些怪异短语，或者每天只讲一句话，反复重复。如果孩子持续出现上述症状即符合这个症状的诊断标准。

第二项：坚持一成不变，固守常规惯例，或有仪式化的言语和非言语行为。

所谓“一成不变”是指孩子一旦确立内在逻辑和秩序，任何人都不可改变。比如上面谈到的孩子走路，他必须按照自己设定好的路线走来走去。也许，这样才符合孩子内在的安全需要。

所谓“固守常规惯例”是指孩子什么时间吃饭，什么时间睡觉，用什么样的碗和勺子，盖怎样的被子，枕怎样的枕头，孩子都会一成不变。如果孩子喜欢晚睡，不到睡觉的时间任何人都不能让他睡下。如果孩子每天固定了起床时间，到了那个时间，孩子会迅速起来。这也许与孩子的生物钟或者生物节律密切相关。

所谓“有仪式化的言语和非言语行为”，打个比方，孩子在讲话的时候，有时需要拿个具有象征意义的“话筒”，让妈妈或者爸爸坐好，聚精会神听他讲，他才可以讲，如果父母不配合的话，孩子就哭闹。

也许这个症状与孩子的内在逻辑和秩序是密切相关的。但是从诊断标准上看，一个孩子所产生的上述症状必须和另外一项的症状结合在一起，也就是需要兼具两项症状且持续发生，才可以诊断为孤独症谱系障碍。

第三项：兴趣范围极端狭窄固定，兴趣程度异常强烈或集中。

所谓“兴趣范围极端狭窄固定”，关键词有两个，一个是“范围”，一个是“极端”，所以，一定这两项同时发生才可以确诊。比如有的孩子如果喜欢玩具，就只喜欢一种，且极其专注，无论再有多么好玩的其他玩具，都不会被吸引。所以会专注其一，绝不选择其二。比如我们之前讨论过的，如果孩子喜欢毛毛熊、毛毛狗之类的玩具，会不分任何时间、地点和场合，都会将它带在身边。

所谓“兴趣程度异常强烈或集中”，关键词有三个，第一个是“程度”，第二个是“异常”，第三个是“强烈或集中”。所以，前一点说的是范围，而这里指的是程度。例如孩子对不寻常物体的强烈依恋和高度入神都是指的程度。之前提到过有的孩子对电风扇极度入神，可以不吃饭不睡觉一直盯着看，任何人都不可以干扰和打断他，否则就会大哭，直到再让他回去盯着电风扇看，到自己停止才罢休。

第四项：对感官刺激有过强或者过弱的反应，或者对环境中的感觉因素有异常的兴趣。

感官是感受外界刺激的器官，包括眼、耳、鼻、舌、身等。孩子对感官刺激有过强或过弱的反应，就是指孩子对疼痛、对温度、对光线、对嗅觉、对触觉的刺激反应，要么就是过度迷恋，要么就是漠然迟钝，甚至有的孩子失去了正常的临界值标准。比如，有的孩子特别迷恋“灯光秀”，就盯着变幻的灯光追着看，直到看个够才罢休；还有的孩子对特殊的气味迷恋，比如之前所说的袜子、被子等过去他所熟悉的味道，会闻个不停；还有的孩子表现出对声音、气味、灯光没有任何敏感度，比如妈妈多次呼唤孩子的名字，孩子全当没听见，或者无论味道多么香甜的蛋糕，孩子吃起来都不觉得香甜。

所谓“对环境中的感觉因素有异常的兴趣”，指的是有的孩子无论在吃饭的环境、睡觉的环境、训练的环境等，只对某个人、某个物、某种颜色等产生兴趣，从而会固着在这种单一的感觉上而不会改变。这些都属于狭隘和重复行为的范畴。

64. 父母知道孩子的发病时间和严重程度吗

之前我们聚焦到孤独症谱系障碍诊断标准的A、B两项进行了讨论，现在我们聚焦在C、D两项进行学习和解读。

C：症状必须在发育早期就存在（但可能直到社交需求超出有限的能力时，才全部表现出来或缺陷被后来的学习策略所掩盖）。

我之前讲过，评估一个孩子是否患有孤独症谱系障碍，诊断标准所列举的症状都是以当年或者过往为时间标准，也就是从现在往前看。那么从C项的描述来看，就更加清楚症状产生的时间点了，即症状必须在发育早期就存在。

所谓“发育早期”，在第63节中我们已经讲过，自闭症专家和精神病学家都认为“发育早期”就是指童年期，或者更多聚焦在婴幼儿期，也就是0—6岁或者0—3岁。这也是我们在自闭症成因中花了很多时间聚焦在母婴互动关系评估上的重要原因。

我们再看这一条描述中后面括号补充的内容，即“（但可能直到社交需求超出有限的能力时，才全部表现出来或缺陷被后来的学习策略所掩盖）”，这个补充意味着，有的孩子也许在儿童期就出现了上述症状，但未被发现或者没有明显表现出来，也许随着孩子一天天长大，慢慢开始社会化发展的时候，这些症状才表现出来。比如，也许孩子6岁以后出现学习困难、社交困难的时候，这些症状才浮出水面。所以，我们邀请父母回顾孩子的早期养育过程是非常重要的。

D：症状对社交职能或者其他重要功能的破坏，达到临床上显著的程度。

对D项的理解是，很多孩子会有一项、两项或者多项的症状或者行为，但是他没有达到临床上显著的程度。

什么叫显著？我们需要把原文中的一些重要的关键词一起带入进来解读。

“缺陷”，这是显著程度的第一个关键词，是指症状是否具有“核心”程度，意思是只有达到“缺陷”标准时才可以给出诊断。

“一成不变”，这是显著程度的第二个关键词，“一成不变”是指症状的“时间”程度，可以理解为“始终”，或者“多次”，或者“从来”没有变过。

“固守”，这是显著程度的第三个关键词，是指症状的“意志”程度，意味着孩子的症状已经达到没有任何人可以改变的强度。

“仪式化”，这是显著程度的第四个关键词，是指症状的“外在表现”程度，意味着从外在表现上具有不可更改性。

“极端或者异常”，这是显著程度的第五个关键词，是指症状的“比较”程度，而这个比较对象是正常标准或者相对正常标准。一旦超出临界值的正常标准，就构成了极端和异常。

“强烈或者集中”，这是显著程度的第六个关键词，是指症状的“评估判断”程度，也就是作为父母或者临床医生怎样评估孩子所出现的症状，与临床样本的比对是否表现出“强烈或者集中”。

这些关键词我希望家长都要掌握，这些关键词恰恰是属于临床评估和判断“显著程度”的各个维度。家长也需要提示临床医生用这些关键词来评估自己的孩子有没有达到临床上的“显著程度”标准。如果没有达到这些关键词所要求的临床上的“显著程度”标准，即使孩子可能在发展过程当中出现一项、两项或者多项的这些症状，我们也不能轻易、盲目、随意地给孩子贴上孤独症谱系障碍的标签。

所以再次提示家长，对医生的话既不能全信，也不能偏听，要兼听才客观。家长要把自己的养育、自己的评估、自己的经验带入临床，一体评估。这样对孩子来说才是客观的，才是公平的。

65. 自闭症发生的“共病”现象

现在我们聚焦到孤独症谱系障碍诊断标准的第五个部分，这一项也是诊断标准的最后一项。

E：上述紊乱用智力残疾（智力发育障碍或全面性发育发展迟缓）无法更好地解释，和孤独症谱系障碍经常发生共病，要做出孤独症谱系障碍和智力残疾的共病诊断，社会沟通能力应该低于整体的发展预期水平。

这一项的描述，即是“共病”的诊断标准。意思是，如果一个孩子出现上述症状，可以先用智力发育障碍的诊断标准进行评估，如果“社会沟通能力”这一项不符合智力发育障碍的诊断标准，就可以诊断为孤独症谱系障碍，而不适用于智力发育障碍的诊断。换一个角度解读就是，患有智力发育障碍症状不一定同时符合孤独症谱系障碍的诊断标准，而孤独症谱系障碍的诊断标准往往兼有智力发育障碍的一些特征。

通俗地说，一个孩子表现出来的症状有的时候既像孤独症谱系障碍的症状，又像智力发育障碍的症状，比如在“社会沟通和社会交往缺陷”这一项症状中，有的孩子会表现出异常的眼神接触和身体语言，或者难以理解的手势，当孩子出现这部分症状的时候，我们就会认为这个孩子是不是可以诊断为智力发育障碍了。

如果不学习这一项诊断标准，有时我们就会听临床医生说，这个孩子既符合这个诊断又符合另外一个诊断，然后家长就会迷茫或者质疑，医生为什么会“模棱两可”、“左右摇摆”或者“拿不准”，那么，通过这一条关于“共病”的学习，我们就知道了孤独症谱系障碍的诊断标准中经常发生共病，既符合这个诊断，又符合另一个诊断，都没有错。但是我们要看精准度，如果按照孤独症谱系障碍诊断标准和智力发育障碍诊断标准一条一条来对照，比如，在第二项“狭隘和重复的行为中，当前和过往存在以下或者至少两项表现”的诊断标准中，就要针对“至少两项”的症状去核对，符合两项症状标准的，就可以诊断为孤独症谱系障碍，如果有多项的话，诊断就会更加聚焦。但如果只有一项的话，就一定不能诊断为孤独症谱系障碍。或者，如果孩子只符合智力发育障碍的一项，也许也不能诊断为智力发育障碍。

66. 家长在诊断与治疗中的选择困惑

通过上述诊断标准的学习和解读，有的家长也许会产生疑惑。

第一个疑惑：既然孤独症谱系障碍的诊断标准被归类在神经发育方面，那么当我的孩子被诊断为孤独症谱系障碍，是不是意味着这个孩子的问题就出在神经发育上了呢？

第二个疑惑：如果这个结论是科学的、客观的，那我们之前谈到自闭症成因当中，像染色体、基因等遗传问题，是不是就可以排除在孤独症谱系障碍的诊断标准之外呢？

第三个疑惑：过去所说的阿斯伯格综合征、唐氏综合征等，是不是属于孤独症谱系当中的障碍呢？

第四个疑惑：如果把孤独症谱系障碍列为神经发育系统障碍，是不是通过神经系统的检测和治疗，就可以把自闭症的孩子治疗痊愈呢？

这一节我想分享的观点是，从DSM-5的诊断标准来说，孤独症谱系障碍仅仅属于神经发育的其中一个部分。从上一节的学习当中我们已经知道，孤独症谱系障碍的诊断当中，往往和智力发展障碍是共病。或许与多动障碍、学习障碍、抑郁症都可以形成共病，但智力发育障碍、多动障碍、学习障碍，从DSM-5的分类上都划归到神经发育障碍。

换一个角度解释就是，孤独症谱系障碍只是神经发育障碍的一种，它没有涵盖神经发育障碍的全部，因此，治疗上也许只针对孤独症谱系障碍所对应的神经发育进行检测和治疗就够了。至于像多动症等神经发育障碍，不需要掺杂在孤独症谱系障碍的治疗当中做参考。

基于上述的分析，我们暂且可以得出一个化繁为简的结论，无论在DSM-5之前或者之后有关自闭症的诊断，症状中属于神经发育系统障碍的，就用可检测、可预防、可治疗的神经系统检测治疗方法来做评估和治疗；症状中属于基因、染色体方面的遗传问题，就归到基因、染色体检测治疗手段上进行评估和治疗；症状中既不属于神经发育方面的问题，也不属于遗传基因方面的问题，而是因为童年期养育所带来的问题，就通过修复母婴关系的社会环境心理疗法来帮助孩子进行治疗和康复。这也是我们常说的各行其道，分门别类，各找各法，避免鱼龙混杂，一头雾水。

还有一个提示需要与家长们分享。文献告诉我们，40岁以上的妈妈，长期接触化学元素汞的妈妈、使用催产素的妈妈生出自闭症孩子的几率要比其他妈妈高。

67. 智力发育障碍的诊断标准

我们在前几节谈到孤独症谱系障碍诊断标准中，孤独症谱系障碍常与智力发育障碍产生共病。为了增加家长的认知，现在我们就聚焦到智力发育障碍的诊断标准上，跟家长做一些探索。

智力发育障碍在DSM-5诊断标准中属于神经发育系统的障碍。

DSM-5关于智力发育障碍主要从三个维度进行评估。

第一维度：关于智力发育障碍的概念，是指一个孩子在语言、推理、知识以及记忆力四个方面存在缺陷。

意思是，孩子在这四个方面都存在缺陷才符合智力发育障碍的概念范畴。比如在语言方面，孩子听不懂别人说的话，也无法用语言来回应，理解语言上也出现问题，就构成语言方面存在缺陷；比如推理，孩子不懂得从A到B再到C这样一个推理，或者从已知到未知，或者由此及彼的推理过程，就构成推理上存在缺陷。在知识方面，不能识字、算数、写字等，就构成知识上存在缺陷；在记忆力方面，孩子不能识记你告诉他的，或者他经常重复的事情，比如忘记自己家是什么小区、几栋几门，不知道公交车怎么坐、超市怎样走等，就构成了记忆力方面的缺陷。

第二维度：DSM-5中关于智力发育障碍是指一个孩子在社会判断、建立和保持友谊的能力上存在缺陷。

所谓社会判断，比如孩子要去玩具店，你告诉他从这条街走到那条街就能看到，然后看看孩子是否能够自己找到玩具店。可见，社会判断有的时候和孩子的空间知觉是相关的。如果孩子不能建立起人和人之间、物和物之间、点和点之间的联系，就会导致社会判断出现问题。

所谓建立和保持友谊，就是指孩子交朋友的能力。我们之前讨论过，看一个孩子是否有交朋友的能力，要看这个孩子是否存在主动交朋友的意识和是否发生主动交朋友的行为。我看到一些存在智力发育障碍的孩子，你刚跟他见面，转身他就不记得你了；或者今天见面了，明天他就不知道你是谁了，根本无法建立人与人之间的关系，更不用说友谊了。

第三维度：DSM-5关于智力发育障碍是指一个人在自我护理或承担工作责任问题上存在缺陷。智力发育障碍患者也包括成年患者，成年患者存在工作责任缺陷。在此我们只聚焦在孩子出现智力发育障碍的讨论上。

孩子是否在自我护理方面存在缺陷，要看他在多大程度上需要别人帮助。比如，孩子是否会自己吃饭、穿衣、系鞋带；孩子是否可以自己上厕所、擦屁股；孩子是否可以自己洗澡、洗脸；孩子是否可以自己出门等，如果不能，孩子就存在这方面的缺陷了。

因此，结合上述三个维度的评估，DSM-5把智力发育障碍从概念、社会、实践三个维度上已经描述清楚。家长根据这三个维度给孩子做出评估即可。

还有一个重要的提示需要补充家长的认知，过去往往根据智商分数给孩子做发育障碍的评估。美国智商标准临界值是70，智商分数是70或70以下的孩子就被认为有智力发育障碍。在中国，有些家长或者机构也仅凭智商分数来确定孩子是否是智力残疾。目前从全球的发展来看，智商分数已经不是评估孩子智力发育障碍的唯一标准，它只是一个参考的因素，还需要其他要素添加进来一起评估。

68. 仅凭智商分数就可以认定孩子智力发育障碍吗

上一节我们谈到，关于判断智力发育障碍过去通常所采用的方法，无论美国还是其他国家，包括中国，都是通过给孩子做智商测试来进行评估。如果智商小于、等于70，就认为这个孩子属于智力残疾。

从2013年起，DSM-5已经不把智商分数作为评估智力发育障碍的唯一标准了。

自闭症专家认为，智商分数不足以将孩子诊断为智力残疾，还必须对孩子在交流、自我护理、家庭生活、社会人际交往能力等方面进行评估和讨论。可见，当一个孩子上述这些方面出现严重问题才可以和智商的分数结合在一起，给孩子做出智力发育障碍的评估。

这就提示很多依然在乎智商分数的父母要注意了，无论是选择正规医院还是商业机构给孩子做智商测试，我们都不能把智商测试作为唯一评估孩子智力发育的参考标准。

智商测试，比如伟氏智力测验，是经过心理学家在一定数量的儿童测验后得出的常模标准，对孩子智力因素的评估的确是一个相对有效的参考。父母可以根据这个测验中各个分测验的分值来评估孩子的智力发育有哪些不平衡的地方，然后再加强后期的引导、训练、教育，这样就发挥了智商测试的实用价值。如果父母把智商测验分数当成孩子智力发育的唯一标准，而不综合参考孩子的环境发展因素和养育因素，就轻易认定孩子属于智力发育障碍，这对孩子来说是危险的，也是不公平的。

DSM-5给我们提供了另外一个信息：所有的智力发育障碍的起病年龄都在18岁以前。这就提示家长朋友要更加聚焦在孩子儿童期发育的情况，并针对智商发育在交流、自我护理、家庭生活、社会人际交往能力等方面综合给孩子做评估。

2012年的统计数据告诉我们，大约90%的智力残疾个体属于轻度智力障碍；中度、重度和极重度智力障碍的个体，大约占人群的2%。

换句话说，很多智力发育障碍都是轻度，这说明，如果我们家长发现孩子有轻度智力障碍时，及时把孩子的养育因素、环境发展因素和家庭因素带入到后续的补偿性养育和互动上，也许对孩子的智力改善是一个很好的推动和促进。

DSM-5关于智力发育障碍的诊断标准，同时又规定了症状必须符合以下三项才行。

第一项：智力功能存在缺陷。比如推理、问题解决、计划、抽象思维、判断等存在缺陷。

第二项：适应功能存在缺陷（个人的独立性、社会责任、社会文化标准部分的缺陷）。比如交流、社会参与、独立生活等存在缺陷。

第三项：智力和适应缺陷。

所以，针对上述诊断标准，我们就可以从中找到为什么说智力发育障碍和孤独症谱系障碍成为共病的答案了。

69. 导致孩子智力发育障碍的可能性因素

这一节，我需要把理论文献所记录的有关智力发育障碍的一些病因，给家长朋友做一些介绍，帮助家长拓宽认知渠道，增加评估维度。

首先，在生物维度上，目前已知有数百种情况会引起智力残疾。

产前因素：胎儿在子宫内受到疾病或者药物影响，也就是妈妈在用药的过程当中怀孕，导致孩子的智力发育受到影响。

产中因素：分娩过程异常，比如难产等。

产后因素：产后感染或者是头部外伤。

环境因素：是指孩子小时候是否受到虐待、忽视或者剥夺。即：不让孩子睡觉、不让孩子吃饭；经常打骂孩子；甚至不让孩子回家。

以上这些都可以成为导致孩子智力发育受到影响的

因素。

此外，还有如下因素也可能造成孩子智力发育障碍，需要引起注意：

1. 如果妈妈在怀孕的时候大量饮用酒精，可能会生下酒精儿，也叫胎儿酒精综合征。

2. 孩子出生时缺氧、发育期营养不良，可能导致孩子智力发育障碍。

3. 唐氏综合征、单基因障碍、线粒体疾病等遗传疾病也可能导致孩子智力发育障碍。

4. 妈妈在怀孕或者是生产以后的工作或家庭环境中如果存在辐射，存在汞、铅等有毒有害物质，也可能对孩子的智力发育产生影响。

70. 你了解唐氏综合征吗

今天跟大家讨论一下另外一个症状——唐氏综合征。

2012年的一个研究结果论证了能够引起智力残疾的染色体异常情况高达数百种。

之所以把这个数据说在前面，是因为唐氏综合征是最常见的染色体原因导致的智力疾病。1866年英国医生唐·约翰·朗顿发现了这种症状，就以他名字的音译作为了这个症状的中文名称。

唐氏综合征的症状表现为“宽眼距、塌鼻梁和小舌头，有些笨拙，常常傻笑”。唐氏综合征还被称为“先天愚型”。

这个病是由一条多余的21号染色体造成的，所以又称为“21-三体综合征”，这就是唐氏综合征的来源。

根据文献介绍，患有唐氏综合征的孩子往往患有先天心脏畸形。还有一个研究结果说，在儿童期患有唐氏综合征的人到成年以后，或者到老年的时候，患阿尔兹海默症的风险非常高。

从科学研究和临床实践来看，目前能够治疗唐氏综合征和阿尔兹海默症的药物还没有研发出来。换一个角度讲，这些都属于无药可救的神经发育系统疾病。一个是先天的儿童期痴呆型，一个是成年后或者老年期痴呆型。

文献报道：儿童唐氏综合征的患病率与妈妈的年龄有密切的关系，妈妈年龄越大，怀上患病孩子的概率就越高。美国2009年的统计数据表明，女性在20岁的时候怀孕，孩子只有1/2000的概率患有唐氏综合征；在35岁的时候怀孕，概率就增加到1/500；到45岁的时候增加到1/18。之前我们曾经讲过，怀孕的妈妈饮用酒精，也可能导致唐氏综合征的发生。

以上数据对中国的妈妈是个很好的提示。我国开放二胎政策以后，很多大龄妈妈想再生一个孩子。比如有50多岁的妈妈还想再生一个孩子，从这个角度来说，高龄产妇所生二胎患有唐氏综合征的概率就会高一些。为了二胎孩子的健康，我们不但要考虑这个因素，还要考量其他因素对二胎的影响，在能够避免或者减少二胎不健康生育因素的情况下做好怀孕准备。

还有科研结论告诉我们，唐氏综合征的产前诊断也是非常重要的。如果产前诊断显示唐氏综合征高风险，很多妈妈不得不做出流产的决定。

71. 多动真的是一种病吗

这一节我们聚焦在多动症（也叫多动障碍）诊断标准的解读和评估上。

在第66节中，我们曾经了解到了孤独症谱系障碍的诊断标准，往往和多动症、学习障碍、智力发育障碍是共病。既然是共病，我们就需要把多动症的诊断标准列出来，跟家长朋友做一些探索。

多动症，顾名思义就是动来动去。一旦孩子出现注意力无法集中、做事没条理、经常忘事、过度活跃、情绪很冲动等表现的时候，有些家长和老师就认为孩子患有多动症。其实多动，不一定构成多动障碍。

DSM-5关于多动障碍的描述只有两个分类症状。

第一类，注意力不集中；第二类，多动和冲动。

在第一类“注意力不集中”的表现上，我们常常看到孩子在听别人说话时总是走神；常常弄丢作业书本或者用具；

不能注意细节；经常犯粗心的错误。这些表现都可以归到“注意力不集中”。

在第二类“多动和冲动”的表现上，我们常常看到孩子坐立不安，一会儿也坐不住，总是忙忙碌碌，跑来跑去；排队的时候经常插队或者跑掉。我们还会看到，在很多时候，问题在没有问完之前，孩子就急着说出答案；总是在妈妈身前身后跳来跳去，窜来窜去，特别是有其他人在场时。孩子的冲动表现在情绪上，就是会暴躁、急躁，有的时候甚至暴跳如雷。

以上两类都属于DSM-5做出的分类标准。多动症的英文标识是ADHD。有的家长发现孩子多动、冲动，或者是老师反馈给家长这个孩子常常在学校里面多动和冲动的时候，家长就会带孩子去医院看精神科医生，当医生开出的诊断书写着ADHD时，就意味孩子得了多动症。

但是，孩子多动真的就是一种病吗？2007年来自美国的统计数据显示，患有多动症的儿童在全世界的比例是5.2%。目前多动症到底是不是一种疾病依然存在争议，从美国的数据来看，有高达11%的4—17岁儿童会被诊断为多动症，美国人自己都认为是不是诊断过多、过重了？我们也需要做一些考虑。

72. 你知道孩子注意力缺陷有哪些症状吗

现在我们聚焦在注意力缺陷诊断标准的原文和解读上，带领家长朋友做一些精确性的认知。

注意力缺陷的诊断标准分为A、B、C、D、E 5种情形，其中A情形的症状描述是最多的。

A：持续存在注意力不集中和多动冲动情况，影响个体的功能和发展。

所谓“持续存在”是“注意力缺陷”的时间标准，即指持续时间至少6个月。

从时间维度来评估，会发现很多家长进入了一个误区。很多家长观察到孩子多动只有一两次，最多三次，或者听老师说孩子偶尔存在注意力不集中、多动和好动的情况，家长往往会“以一当十”“以三当多”“以偏概全”，认为孩子就是多动症，其实这对孩子来说是不客观的。

诊断的时间维度评估要求孩子的多动行为要持续6个

月，也就是6个月的每一天，甚至6个月的每一天当中的绝大部分时间，孩子都存在注意力不集中、多动和冲动的表现，而且一旦有这些表现，就可能影响到孩子的功能和发展。

所以，“影响孩子的功能和发展”，是评估多动症的另外一个维度。

家长不但要看孩子的这些症状，还要看有没有影响到个体的功能和发展。功能是指心理功能、智力功能、社交功能、神经发育功能，要把这些影响因素综合进来，一起评估孩子的多动症或者注意力缺陷。

接下来是诊断标准描述的注意力不集中的症状。原文是这样描述的：

注意力不集中，至少存在以下8种症状中的6种。

症状一：经常不能密切注意细节。

症状二：经常不能保持注意力。

症状三：当和别人谈话的时候好像没有在听对方谈话。

症状四：经常不能从头到尾遵守指导。

症状五：组织任务和活动的时候经常出现困难。

症状六：经常回避业务或者不愿意参加持续的脑力活动。

症状七：经常弄丢东西。

症状八：容易受到外在打扰。

当家长看到这些症状以及对照时间维度、功能影响维度的标准时，也许会恍然大悟，原来孩子至少要存在上述症状中的6种，而且至少持续6个月才可以被诊断为注意力缺陷。

家长可以从诊断标准原文中学习到症状标准和时间标准两者是并行标准，缺一不可。也就是说，只有1个症状不行，只有2个症状也不行，只有3个、4个、5个症状都不行，必须要有至少6种症状，且6个月持续发生才可以被确诊。所以孩子的症状是以6种为起点评估，如果存在6种或者7种、8种症状，就可以确诊为注意力缺陷了。

73. 你对孩子的多动和冲动症状了解多少

上一节我们学习了注意力缺陷诊断标准的解读和评估，这一节我们聚焦在多动和冲动的评估上。

在第71节中我们谈到有的心理学家或者精神病学家开始质疑多动症是不是一种病，美国目前已经提出了这样的疑问。我个人也存在这样的质疑。究竟这是一个孩子在心理发展过程或者生理发展过程中的必经阶段，还是孩子的发展有点过了头，我们一定要把它贴一个多动症或者注意力缺陷的标签，来满足我们对孩子“听话”“懂事”“乖”的控制需求和管理需求呢？

DSM-5诊断标准第二项原文对多动和冲动的描述是：多动和冲动存在以下8种症状中至少6种症状，持续时间至少6个月，程度不符合应有的发育水平，并且直接对个体的社交、学业造成负面影响。

症状一：经常坐立不安、拍手跺脚，或者在椅子上扭来扭去。

症状二：经常在需要保持坐在座位的场合上离开座位。

症状三：经常在不适合的场合到处乱跑，攀爬。

症状四：经常不能安静地参与休闲活动。

症状五：经常处于要走的状态，好像被发动机驱动一样。

症状六：经常过度地讲话。

症状七：经常在问题没有结束前，就将答案脱口而出。

症状八：经常等不及轮到自己。

家长如果了解了上述有关多动和冲动的症状，也许就更加清楚了孩子的行为是否符合上述诊断标准。而诊断标准同样采用双重并行标准。即孩子一定符合6个或者6个以上的症状，并同时符合持续时间至少6个月的标准，才可以给孩子诊断为多动症，否则，只要不符合任何一个条件，都不能被诊断为多动症。

74. 你知道多动症的成因吗

这一节我们仍然聚焦在孩子多动症的学习和探索上，增加家长在认知上的维度。

2007年的统计数据告诉我们，多动症的症状一定要出现在12岁前；男孩的比例也高于女孩。在患有自闭症的孩子中，男孩被诊断患有多动症的概率是女孩的3倍。

DSM-5中的多动症诊断标准C项，对家长评估孩子是否患有多动症有了一个新的提示，即孩子在“情境上”要符合“两种场合”的标准，即“一些注意力不集中或者多动冲动症状要在两种及以上的场合中出现才行”。

根据这个诊断标准，我们得出“情境”标准的关键词是“两种场合”。所谓“两种场合”是指孩子的多动和冲动行为要符合两种场合同时发生才可以被诊断为多动症。比如既在家里，又在学校；比如既在陌生人在场的场合，又在没有陌生人在场的场合；比如既在人少的场合，又在人多的场合，等等。只有孩子符合两种场合同时存在多动和冲动的至少6种症状，并且至少持续6个月以上才能被诊断为多动症。

所以，当家长听到来自幼儿园或者小学老师反馈，说孩子在学校坐不住，经常接话和窜来窜去时，家长就需要评估了，我的孩子在家是不是这样呢？据我们观察或者有的家长描述，孩子在家里边是常常表现出多动或者冲动的行为，有时特别在妈妈面前，或者在奶奶面前总是动来动去，没有一刻安静的时候，总是不停地说、动、闹、疯、跑、跳等，而在爸爸面前就不会；有的孩子在家会表现出毫不在乎，但一到学校看到老师时，他就可以安静下来，而且完全可以按照学校和老师的要求和行为规范来做。如果这样的话，一个孩了在学校和在家里，或者在妈妈和爸爸面前，在有人的场合和没人的场合表现不一样，我们就不能给孩子贴上多动或者注意力缺陷的标签，而一定要符合“两种场合”同时存在的“情境”标准，且至少存在6种症状，并且持续6个月发生，才可以给孩子做出多动的诊断。

孩子多动的成因中，一个成因是遗传方面。有文献介绍，有的基因被关闭会导致孩子多动或者冲动。这部分需要做基因测试才可以获得答案。另一个成因是神经化学物质。比如神经递质多巴胺过少或者过多，也可能导致。还有环境因素，例如母亲在怀孕期间吸烟、喝酒。此外，母亲在怀孕期间情绪不稳定，母亲在怀孕期间婚姻不稳定或者和爸爸的关系不好，都可以交叉导致孩子出生后患有多动或者注意力缺陷这些障碍。文献还介绍，孩子出生的时候体重过轻，或者是早产的孩子在养育过程当中也容易出现多动的倾向；孩子出生的时候受过脑损伤，或摄入过敏物质、食品添加剂，也可以导致孩子的多动。

75. 孩子多动的心理学意义

在上一节我们谈到注意力缺陷或者多动症的原因，可能有遗传、生物、环境的因素。这一节我想就养育的成因和父母们做一些探索，希望可以给家长带来一些新的思考。

孩子多动，如果把它当成一个症状来看，就要符合DSM-5诊断标准所列的至少6个症状，持续半年以上，在至少两个情境当中都发生才能给孩子诊断为多动症，否则就不能。

我在日常所接触的家庭中看到的是，父母常常在孩子没有持续半年、没有6个症状行为出现的情况下，认为自己孩子得了多动症。所以我就想从养育的角度来看看其中的原因。

也许很多父母不知道的是，很多孩子多动是为了寻求父母的关注。

孩子需要这个关注，希望从爸爸妈妈，特别是从妈妈那里获得更多的爱和陪伴以及关注。在此列举几种情况。

情况一：多子女的家庭中，每一个孩子都想从父母那里获得最多的重视和关注。当父母养育多个孩子，不能给每一个孩子所认为的重视和关注时，有的孩子，特别是性格外向的孩子，往往会用各种各样的多动、多说、多闹等表现来引发父母对他的关注。

情况二：代养人带养。有的孩子不是生活在多子女家庭，而是父母常常因为工作忙、任务多、生活压力大而忽略了对孩子的养育，或者把孩子放到代养人那里养育，久而久之，孩子为了寻求父母对他的关注，就常常用多动的形式表现出来，目的是想从父母那里获得更多的关注。

情况三：父母常把孩子和其他小朋友做比较。有些父母总认为其他的孩子会比自己的孩子更听话、更聪明、更努力、更懂事等。所以，当父母看到其他孩子的时候，就会当着孩子的面说这些话，这样孩子就认为自己不好，不如其他小朋友那样可以得到父母的认可和关注。父母说多了，有时就强化了孩子不好的行为，孩子就越发用多动引发父母对他的关注。

所以，从上述情况看，这些孩子的确有多动的表现，但是他们远没有达到多动症的诊断标准。有时候，孩子不但在家里寻求关注，在学校里也寻求老师的关注。只是当一个孩子在学校想寻求老师对他更多的关注的时候，往往是孩子在家里没有获得足够的重视和关注的替代补偿效应，所以，他在家得不到，就希望在学校引发老师对他的关注。如果老师对一个孩子的多动行为特别强化的话，这个孩子就会越来越多动。我们在此也希望老师能够多关注孩子的积极行为，少强化孩子的多动表现，随着时间的推移，孩子会慢慢感受到老师对他积极行为的重视、欣赏和认可，从而会大大减轻孩子的多动行为。

每一个孩子在发展过程中，都是好动的、对世界充满好奇和探索的。每个孩子也都希望被父母和老师看见、重视。所以我们要激发孩子的好奇心，让孩子在好奇中成长，在探索中发展。这才符合孩子的天性。

76. 你了解学习障碍的症状吗

现在我们探讨一下孤独症谱系障碍的另外一种共病——特定学习障碍。

我们在生活当中常常听到一些家长说，自己的孩子学习跟不上、阅读跟不上、理解力跟不上，诗歌、单词背不下来，坐在那里就犯困，或者无精打采等。家长不知道孩子的这些情况是属于孤独症谱系障碍的症状，还是属于某个特定的症状。

这一节我们讨论DSM-5关于特定学习障碍的诊断标准，希望可以带给家长一些启发。

DSM-5关于特定学习障碍的诊断标准有A、B、C、D 4项，我们主要讨论前3项。

A：在学习和运用学业技能上有困难，而且表现为以下至少一种症状，且持续时间至少6个月。

症状一：词汇阅读错误或者缓慢吃力。

症状二：阅读理解困难。

症状三：拼写困难。

症状四：书写、表达困难。

症状五：大一点的孩子在写作的时候不知道段落；不知道他要表达的是什么。

症状六：难以建立数感，难以掌握数的知识或者运算。

关于“词汇阅读错误或者缓慢吃力”，有的孩子会表现出经常读错字，读错词，并且认读过程很慢，你催他快也快不起来。关于“阅读理解困难”，这也许是很多孩子上语言课的难点，孩子不知道上下文的语义，人物、内容上的逻辑关系，进而出现阅读困难，只知文字，不知其意。关于“拼写困难”，有的孩子对拼音的学习一直存在困难，不能分出声母和韵母，更不能区分复韵母，或者有的孩子也不能发出有些拼音的音节，落到文字上不能与拼音相对。关于“书写、表达困难”以及“不知道段落”，有的孩子一旦老师让写日记、写作文就开始头痛，不知如何下笔，没有思路，也不知道如何用词，更不用说语法和修辞了。关于“难以建立数感，难以掌握数的知识或者运算”，是指有的孩子对数字、数的大小、数的关系理解能力差，像我们常常说的加减乘除混合运算常常不会应用，在做运算的时候，不知道第一步、第二步、第三步是什么，涉及数学推理时，也无法运用数学的概念、法则、公式来解决问题。

按照DSM-5的诊断标准，孩子要符合上面至少一项的症状，且持续6个月才可以被诊断。

B：受到影响的学术技能水平远远低于个体年龄的预期水平。

这条标准的意思是，孩子的年龄决定他的智力水平，学业的能力与孩子的年龄相关。也就是学业要与年龄相匹配相适应，如果适龄孩子出现学习困难，且符合上述症状其中一项的，才可以诊断为学习障碍，如果未到适龄标准，就不能做出这种诊断。

C：学习困难开始于学龄期。

学龄期是指孩子从接受幼儿教育开始，严格意义上是从接受小学教育开始。只有在这个起点年龄之后出现问题，我们才可以根据诊断标准给孩子做出诊断。

77. 孩子的学习障碍是真的吗

这一节我们针对孩子出现学习障碍以后，家长如何对照特定学习障碍的诊断标准，核查我们在生活中究竟会有哪些原因导致孩子出现学习困难或者学习障碍。

下面我列举几个例子，帮助家长朋友一起思考。

事例一：家长有没有对孩子拔苗助长？

我们看到很多孩子在学业上，过早或者过度被家长或者老师开发了。从有关学习障碍的诊断标准看，判断孩子存在学习障碍的前提是学业水平与孩子的年龄成正相关，也就是，孩子在幼儿发育期就要接受幼儿教育，在小学年龄段就接受小学教育。按照发展心理学的理论，每个年龄段都会在认知、思维、知识等方面有每个年龄段的共性特点。所以，换句话说，孩子该在哪个年龄段学什么是自然而然发生的。家长既不能超前也不能滞后培养。现实中，我们看到很多家长给孩子选择很多的兴趣班、课外辅导班等，让孩子学习四书五经等国学，学习奥数，学习一门或者几门外语，或者在幼儿园的时候提前学习小学课程，在小学的时候学习初中课程。这些也许都会在不同程度上导致孩子的学习障碍。从心理动力的角度来分析，有的孩子恰恰在用学习困难或者学习障碍来抵抗家长的拔苗助长，而孩子的真正目的是想获得快乐成长。因此，要提示家长们慎重对待孩子的学习困难或者学习障碍。

事例二：父母受教育的程度与孩子智力发展、孩子学习能力是不是相匹配？

在父母受教育水平低的家庭，父母往往希望孩子在学习上能弥补自己过去的缺失。心理学有替代满足的概念，意思是，父母在童年期没有满足、没有实现的期待往往让孩子替代实现。所以有的时候，父母就自然而然地把这部分期待落到孩子身上。然而，父母因为受教育程度低，或者因为生存压力大而选择外出打工，父母既不能在孩子遇到学习困难的时候，在孩子面前做一个学习、阅读、理解的榜样，又不能找课外老师帮助孩子来弄懂他在学校没有学懂的知识和学习方法。因此当孩子进入学龄期，或者从学龄期步入到小学期的时候，学习困难就开始出现了。

事例三：老师是怎么对待孩子学习困难和学习障碍的？

当孩子出现学习困难、学习障碍时，老师的态度很重要。如果老师对孩子一次作业没做好、两次作业没完成、三次作业没有交，或者老师在课上提问，孩子要么不举手、要么提问了以后不回答、要么直接说他不会，就视为孩子出现学习困难、学习障碍的话，孩子就会被贴上“蠢、笨、傻”的负面标签，这是非常影响孩子的人格和心理发育的。也许，孩子从此就真的认为自己傻、笨、蠢，从此就不再学习了。但是，我们需要问父母的是，当这些情形发生的时候，父母是否跟老师做过沟通？是否会和孩子坐下来一起查找原因？还是父母一味听老师的，也认为孩子蠢、笨、傻，这样就会给孩子的心理蒙上阴影，让孩子从此丧失学习兴趣和学习能力。如果父母能够帮助孩子打消他心理的紧张感，孩子就会跟随父母的指引，或者跟随课外老师的指引，慢慢地提升学习兴趣和学习能力。

2009年到2010年间，美国大约有650万3岁到21岁的学生在接受特定学习障碍救助。这说明，学习障碍已经成为共性的问题。当父母越来越了解孩子，越来越减少对孩子的高期待，越来越多地陪伴孩子，孩子就会越来越放松，越来越绽放，也许，学习困难和学习障碍自然就获得解决了。

78. 你知道阿斯伯格症被 DSM-5 排除了吗

DSM-5版本的升级，讨论最多、争议最大的就是取消了DSM-4当中的自闭症和阿斯伯格症两类具有单独名称的疾病。

阿斯伯格症是在DSM-4版本中独立诊断标准下出现的独立病名。它是较轻的自闭症症状。DSM-5版本升级以后，就把阿斯伯格症排除在外了。

DSM-5把与自闭症有关的各个单独名称的诊断归为一类，背后的原因在于孤独症谱系障碍可以明确与其他疾病区分，但是这个类别内部的各项诊断在改版时却存在很大分歧。

专家们认为，我们并不是总能明确地区分出一个人是患轻度自闭症，还是患有阿斯伯格症，这两个症状的社交技能都有普遍缺陷，而且他们的行为模式都有局限，所以有的人就提出这些疾病的主要差异在于症状的严重程度、语言水平以及智力缺陷水平的不同，因此应当被归为同一种严重程度不同的孤独症谱系障碍。

这就出现了问题。第一个问题：先前的DSM-4的诊断标准中有些个体可能不符合DSM-5的诊断。因此，有的人认为，阿斯伯格症的症状其实是很轻的，而且过去把它归到自闭症中，也许把这个症状看重了，现在把它从孤独症谱系障碍移出来以后，可以将它列入神经发育的另外一种类型。

也有的人认为，阿斯伯格症其实是属于高功能的自闭症。我们看到很多被诊断为阿斯伯格症的儿童，他们都是有各种各样天赋的，比如有音乐、绘画和思维的天赋等。所以这些孩子都属于发育或者发展超常的，我们有的时候就把这种超常的孩子误认为异常了，这对孩子来说，或许是不公平的。

曾经有一个生物学家说，人类恰恰是因为这些特殊的疾病，无论是从基因或者从染色体的角度，或者从目前尚不能探明的角度，才发生了进化。这些所谓特殊的“病人”恰好是给人类的发展做出了突出的贡献。

现在我们换一个角度看DSM-5把阿斯伯格症从孤独症谱系障碍分离出来，是让家长看到它只是神经发育障碍的一种特殊情况，而不一定视为一种疾病。也许对于阿斯伯格症的这些儿童来说，这样做会对他们的生命更加尊重，对他们的人性更加关怀。

第四部分

关于自闭症儿童治疗和康复的探讨

79. 你认为哪些观点和角度更适合你

从现在开始，我们要转换到自闭症儿童治疗和康复的讨论上。

前面78节，我们都在讨论自闭症的成因、症状、诊断，从这一节开始，我们需要带领家长朋友进入到对自闭症儿童治疗和康复的讨论上，也许这也是所有自闭症家庭和父母最为关心的。

首先，我想明确几个非常重要的观点。

观点一：目前全世界对自闭症的治疗，没有一种药物或者一种治疗方法是特别有效的。

截至目前，没有任何一种特效药或者一种特别管用的康复方法可以百分之百地应用到孤独症谱系障碍儿童的治疗和康复上。所以，请家长们不要再枉费心机，千里迢迢，远渡重洋，在国内、国外寻求神医，以及秘方和妙招了。

观点二：妈妈、爸爸是孩子最好的药物，是不可替代和不可或缺的第一位治疗师。

因为，每一个生命都是从受精卵开始，蕴含着爸爸妈妈两个人的遗传基因，从妈妈这个母体孕育出来诞生在这个世界上。所以，无论任何原因导致孩子出现孤独症谱系障碍，我们都要首先与妈妈爸爸进行尽可能的核查，在排除爸爸妈妈角色和功能的养育原因之后，再寻找其他可能原因，但也仍然离不开爸爸妈妈的配合。所以，爸爸妈妈作为孩子生命源头的第一人，永远都脱不了干系。

我之所以这样说，就是我们看到很多家长一旦发现孩子有自闭症倾向，或者被诊断为孤独症谱系障碍，有时就会陷入一种深深的绝望和无力之中，从而就会把对药物的依赖、对医疗机构的依赖、对康复机构的期待放在第一位，而忘却了自己作为家长是孩子治疗和康复过程中最重要的治疗师的角色。

所以，我请所有的父母振作起来、充满信心、增加耐心和爱心，给孩子更多的关爱和支持，也许在后续的治疗和康复中就会获得意想不到的希望和曙光。

观点三：在有充分科学依据的前提下，选择基因中的靶向治疗以及神经系统的药物靶向治疗，不失为一种好的选择方案。

虽然目前还不能有一种特效药治疗孤独症谱系障碍，但如果孩子的问题出在基因上，可以通过基因测序，用有针对性的基因改变的靶向治疗方案，或许是最直接的帮助。如果孩子的问题出在神经发育上，比如有多动或者有攻击倾向，经过神经系统检测，就可以选择有针对性的药物直接作用于神经递质，对孩子的神经发育进行抑制或者激活，这样就会减少孩子攻击性等神经系统问题。如果孩子有冲动障碍，表现出情绪异常激烈，我们需要去看精神科医生，让他们给开一些精神类处方药物，对孩子神经机制进行干预。

观点四：目前从社会心理治疗的角度，对孤独症谱系障碍的孩子进行心理治疗、认知行为治疗和家庭治疗，已经成为全世界通用的做法。

80. 你知道什么是抢救性治疗吗

这一节仍然邀请家长朋友关注孤独症谱系障碍在治疗和康复上的观点。

观点五：早发现、早干预、早治疗。

自闭症专家一致认为，自闭症的成因起源于生命早期，因此和孩子童年期的发育发展密切相关。

自闭症专家在孤独症谱系障碍儿童的治疗和康复上，也一致持有共性、普遍的观点，即早发现、早干预、早治疗，这就是我们通常说的抢救性治疗。目前政府管理部门以及配套的康复机构都把早干预、早治疗纳入孤独症谱系障碍治疗和康复的重要议事日程。

所谓早干预、早治疗，就是提示父母，如果发现孩子有自闭症倾向，或者被诊断为孤独症谱系障碍，我们就要知道抢救性治疗的关键期是儿童期。儿童期分三个阶段：0—18个月属于婴儿期；18个月—3岁属于幼儿期；3—6岁属于儿童期。而孤独症谱系障碍的发病期多数在孩子3岁左右。所以，一旦发现，在孩子6岁前进行干预和治疗是最恰当的关键期。家长不能忽略在儿童期前6年对孤独症谱系障碍的干预和强有力的介入。父母的角色和功能发挥得越好，父母的后续学习、认知、领悟能力越好，父母的技能、技巧和康复训练方法掌握得越好，越有利于孩子的抢救性治疗和康复。

我之所以如此强调父母是孩子第一任康复治疗师，是因为我在所接触的自闭症家庭中发现，有的自闭症孩子的妈妈或者爸爸，当发现孩子出现自闭症倾向，或者被诊断为孤独症谱系障碍后，干脆就把孩子交给爷爷、奶奶，或者外公、外婆来带养；或者专门请一个保姆来带养。之后爸爸妈妈说，我们再生一个健康的就好了。这样的话，我们就丧失了对自闭症儿童最关键的黄金抢救期的治疗和康复，从此也许让这个孩子的症状越发表现突出。如果其他的带养人也把这个孩子当成一个永远都治不好的病人，对于孩子来说，这将是多么大的悲哀，也许他的生命从此就不再被尊重，或许也失去了生命的意义。

观点六：家庭中一旦有自闭症孩子出现，就极大增加了父母、养育人、照料者的内外在压力。

大家都知道，养育和照料一个正常的孩子，都需要花费父母的一腔心血。那么，照顾一个自闭症的孩子，特别是有多动或者攻击性的孩子，对于照料者来说是特别辛苦、特别揪心的。有时一个照料者对一个自闭症孩子都不能做到充分有效的照料，有的时候一个孩子甚至需要几个人一起照料。我们曾经看到很多父母严重缺乏睡眠，内心非常焦虑，甚至抑郁，最严重的，有的父母甚至产生自杀念头，或者真的自杀。因此，加强对自闭症家庭的心理关爱，加强对自闭症父母的心理支持，也成为今后政府部门和有关组织的重要工作。

81. 对孩子的治疗和康复需要带入哪些视角

本节我们仍然聚焦到自闭症儿童治疗和康复的重要观点上，以增加家长们的新视角。

观点七：对自闭症儿童的治疗和康复，先分出类别，再进行干预，干预方法既是单一的，又是整合的。

对这个观点立体的解释就是，孤独症谱系障碍，从成因的角度看是由多个因素导致的。如果是来自于遗传，那么就要循着遗传的方向去找基因和染色体的问题；如果是来自神经发育，就要循着神经发育的轨道寻找大脑发育、神经递质的改变问题；如果是来自社会心理环境，就循着从妈妈怀孕到孩子出生的养育、照料和母婴之间互动关系，以及家庭关系影响的轨迹寻找答案。这样，基于三个成因的标准，我们在孩子的治疗和康复上，就做到了有因可循、有据可查、有证可找、有法可用，而不至于有病乱投医，浪费大量的心力和体力。

目前，自闭症专家普遍认为：对患有孤独症谱系障碍的儿童，在治疗和康复上的方法都不应采用单一的方法，而是需要引入生理、生物、心理和社会环境的多维视角到治疗和康复当中，也就是把三者密切有机地结合在一起进行整合式治疗和康复。本着各走各的路，各用各的法的原则，同时又关注每一条路、每一个方法之间的交叉影响，这种多维的、立体的、全方位的治疗和康复，也许才越来越科学，也越来越有利于孩子。

82. 你了解心理营养对孩子有多重要吗

本节我们仍然聚焦到对自闭症的治疗和康复的观点和新的视角上。

观点八：马来西亚心理学家林文采曾经提出一个观点：如果一个孩子出现自闭症倾向，或者被诊断为孤独症谱系障碍，在治疗和康复的方法上就要重新养育一次。这是基于她在马来西亚近30年的亲子关系心理治疗的理论和临床实践得出的结论。

这就意味着，在孩子出问题后父母需要花大气力，按照孩子需要的方式，而不是父母期待的方式，把孩子从出生到患病期间没有获得的心理营养补足，孩子才能按照正常的生命秩序来发展和成长。否则，孩子就会不停地给父母找麻烦。

林文采常常就用阳光、空气、水来比喻父母给孩子的营养。这个营养既包括生理营养，又包括心理营养。心理营养是林文采于1982年首先提出的心理学概念。林文采在她所著《心理营养》中写到，孩子0—3个月所需要的心理营养是无条件接纳和“在你的生命中，我最重要”，也就是无论这个孩子长得怎么样，是男孩还是女孩，将来会成长为什么样的人，父母都是无条件爱他的，让他感受到自己的生命至关重要。孩子在4个月至3岁时，需要的心理营养是爱和安全感，也就是我们之前谈到过的母婴依恋的内容，妈妈要尽全力爱这个孩子，尽所有的时间来陪伴孩子、照顾孩子、呵护孩子，让孩子成为一个能够相信自己、信任他人的内在独立的人。孩子在4—6岁时，需要的心理营养是赞美、肯定、认同，这个期间孩子对妈妈的需求有一部分转向了爸爸，希望父母两个人给他更多的生命认同和价值认同以及性别认同。孩子在7岁时，需要的心理营养是孩子在社会化过程中，父母给孩子关于人际关系发展和情绪管理方面更多的示范和榜样，以便孩子获得更多处理人际关系矛盾和冲突的能力。

重新养育，需要父母通过对孩子从出生到患病期间的成长和养育的整个过程进行一点一点的回顾和梳理，评估孩子问题出在什么发育阶段，再加上父母的一些学习、认知、改变，就会把新的东西带入到孩子的治疗和康复上，给孩子补充每一天他所需要的，跟他很契合的，又是孩子心理和身体愿意接受的心理营养的滋养，这样孩子的生命就会因收到新的营养而发生改变。

83. 父母知道怀孕当初的内在想法吗

现在我们需要回到孩子的生命之初进行一些评估和讨论，看看孩子的生命之初与今天的治疗和康复有怎样的联系。

首先我想带领家长朋友回到妈妈怀孕那一刻做一些评估。

美国生态学理论心理学家布朗芬布伦纳提出了一个观点：孩子的出生是计划之中，还是纯属意外；怀孕是梦寐以求的，还是避之不及的；是正常怀孕，还是采用特别手段怀孕的；父母是未婚先孕，还是婚后产子；生孩子的时候是正值青春，还是人到中年？这些都属于人类生态的微系统问题，都会影响到一个生命的价值和意义。其中还存在另外一个问题，即文化因素介入到怀孕当中，这些可能都会属于影响孩子发育和心理发展的因素。我对文化因素介入的解读是，妈妈在怀孕的过程当中，是否对孩子的性别，存在家族沿袭下来的性别期待，以及自己作为父母对孩子性别的期待。比如重男轻女、重女轻男，还是男女平等？

在之前的内容中，我曾提及，父母在怀孕时是否做好了准备？今天当我们把做父母的准备再次提问出来的时候，我们邀请父母做一些核对，把这些提问试着一个一个加以回答，随着回顾和思考，也许答案就变得通透，变得明晰了。如果这些问题在你回答的过程中，有的是从来没有想到的，有的是模棱两可的，有的甚至是矛盾、冲突的，也许就对今天长大了的孩子产生了影响。

我是从事家庭治疗的心理咨询师。在我们接触的自闭症个案中，常常会看到有的父母对孩子似乎没那么重视，也许还没有上升到对生命尊重的高度去对待孩子。有的妈妈因为孩子得病占据了她大部分做生意、发展事业、提升自我的时间，于是就把孩子扔给爸爸或者奶奶，撒手离开，或者选择离婚，或者选择远走，似乎在心里出现了一个声音，就是“我这辈子看不到你才好呢”！我们还看到，有的父母在孩子出问题后，为了避免孩子对他们的打扰，选择要么把孩子放在奶奶家、要么就放在外婆家轮流养育的方式，孩子的存在感觉无足轻重。我们希望把爸爸妈妈这个不可或缺的治疗和康复资源用上、用足、用好，这对孩子的后期康复是非常有帮助的。所以，当我们在治疗室里看见，爸爸妈妈如果能够拉起孩子的手，看着孩子的眼睛，抚摸着孩子的头，或者能够抱起孩子温柔地爱抚的时候，孩子无时无刻不在享受。孩子的身体安静了，内心安静了，孩子的生命变得有价值了。这也许就是孩子最需要的治疗和康复方式。

84. 孩子灵性发展的相关因素

现在我们聚焦在自闭症的治疗和康复上，核查一下父母在做怀孕准备的时候，是如何把自己对生命的观点、意识、价值取向贯注到一个生命中的。

心理学一直研究身、心、灵三个部分。从常人的理解上，心和身这两个部分好理解，看得见摸得着。但是谈到灵性的时候，就不太好理解了。甚至有的人认为，灵性是很玄的东西，要么抽象，要么不着边际，没有科学依据。

其实，一个人的发展，身、心、灵三个部分是密切结合在一起的，当这三个部分越完整越契合，这个人的完整度就越好，生命的质量就越高。如果我们回到孩子的生命之初，从父母怀孕前后的想法中或者怀孕前后的变化中，也许就会找到一个人灵性发展的答案了。

以下的情形，或许可以给父母们带来一些新的思考和觉察。

情形一：剖腹产。

一个妈妈或者是父母决定生一个孩子，采取怎样的形式让孩子出生，不是由孩子决定的，而是由妈妈决定的。比如剖腹产。妈妈怀孕到40周以上时，有的妈妈选择新的医疗技术避免生产之痛，或者有的妈妈因为特殊职业担心自己顺产会导致将来的体型发生变化，而选择剖腹产的方式，让孩子来到这个世界上。那么，剖腹产对孩子是否有影响？这是我们需要思考的。这个部分我们会在第92节详细讨论。

情形二：试管婴儿。

还有的妈妈在选择生孩子的时候，要么是因为自己的原因，要么是因为爸爸的原因，当两个人不能正常怀孕的时候，便选择用试管培育精子和卵子的方式受孕。或者有的单身女性，也可能选择通过试管培育的方式受孕，然后再将胚胎植入到母体，最后生出婴儿。那么，婴儿出生以后，在他成长发育的过程中是否受影响？也是需要我们思考的。

情形三：找人代孕。

代孕分几种情况，一种情况是有的妈妈已经有了自己的孩子，或者有了几个孩子还想再生，特别是有的妈妈重男轻女，或者有的父母承载了父辈、母辈的期待，一定要生男孩。这样的话，当自己不能再生育的时候就要请人代孕，代孕之后出生的孩子，再交给这个妈妈来养育。还有一种情况是，同性的家庭或者其他特殊的家庭，为了生育孩子便找人代孕，当孩子出生后由同性父母养育。无论是前者的代孕，还是后者的代孕，孩子出生后的养育，都会因缺失母体中对孩子成长的因素，导致孩子后天发育可能受到影响。

这一节所列举的怀孕前后的情形，旨在帮助家长在孩子灵性发展中可能出现问题时找到评估的依据。而有的时候，孩子的灵性成长可能会与基因、染色体以及神经发育相关。这也是后天治疗和康复中需要列入考量的相关因素。

85. 你了解胎儿第一个月和第二个月的发展吗

从这一节开始，我会分次把发展心理学关于产前发育各阶段的详细发展过程分享给家长朋友，帮助父母做一些回顾与核查，这样对于我们在自闭症的后续治疗和康复上会更加有针对性。

现在我们先聚焦在胎儿第一个月和第二个月的发展。

文献告诉我们，怀孕第一个月：胎儿的生长速度比怀孕期间或者出生以后任何时期都快；胚胎达到了受精卵大小的1万倍；月末胚胎大约长1.3厘米；血液流经胚胎纤细微弱的静脉和动脉；此时的胚胎有一个极小的心脏，每分钟会跳动65次；同时已经具有大脑、肾脏、肝脏和消化道的雏形；胎儿的脐带（连接母亲的生命线）属于正常运行阶段。通过显微镜进一步观察，可以看到胚胎头部的凸起，这些凸起最终会发展为胎儿的眼睛、耳朵、嘴巴、鼻子，此时还不能甄别孩子的性别。

怀孕第二个月：月末胎儿的长度小于2.5厘米，只有2克重，胎儿的头部占整个身体长度的一半；面部器官有明显的发展，出现舌头和牙蕾；已经长出手指和脚趾；腿上长出膝盖、脚踝；胎儿由一层薄薄的皮肤覆盖，能够产生手印和足印；骨细胞大约在第八周时出现；大脑脉冲协调各种器官系统的功能；性器官逐渐发展；心跳已经稳定；胃部产生消化液；肝脏生成血细胞；肾脏从血液中排除尿酸；皮肤已经相当敏感，能够对触觉刺激做出反应。抚摸八周大的胎儿，他会通过弯曲身体、伸长头部、缩回胳膊做出回应。

我们带领家长做这些回顾，是因为在自闭症治疗上要看孩子的神经发育情况。神经发育和胎儿第一个月、第二个月的发育情况密不可分，第一个月的生命胚胎已经有多个器官的雏形，第二个月胎儿的各个器官又有快速的发展。这个时候如果母体外在或者内在发生一些特殊的变化，比如外伤或者各种其他伤害，也许就会对胎儿的神经发育产生影响。特别是妈妈在这两个月中，有没有接触农药、有毒有害的化学物质、精神类药物或者其他对胎儿有影响的药物，这些都值得我们回顾、核查。

的尊重，敬畏之心越来越强烈。当胎儿到五个月的时候，妈妈就能感觉到与胎儿之间彼此带来的反射。通俗地说，心理感应从此就被感知了。其实，一个生命的秩序和生命节奏从这一刻起就已经建立和形成了。

87. 你知道胎儿在子宫里的发展变化吗

这一节我们聚焦到产前发育的第六、第七、第八、第九个月的学习。

怀孕第六个月：胎儿的生长速度开始减慢；到第六个月的月末，胎儿长到大约35厘米，体重大约0.6千克重；皮肤下有一层脂肪垫；眼睛已经完全长成，眼睛能睁开或者闭上，并能朝各个方向看；胎儿能够听到声音，并且能够紧紧地握起拳头；六个月出生的婴儿，存活下来的可能性仍然很小，因为此时胎儿的呼吸器官还没有完全成熟，医学的进步可以使得存活率有所提高。

怀孕第七个月：七个月末时，胎儿大约40厘米长，1.5—2.5千克重。此时的胎儿已经具备完全成熟的反射模式；胎儿能够哭泣、呼吸、吞咽，可以吮吸拇指；胎毛可能在这个阶段消失，也可能在出生后保留极短的时间，继而消失；头部的毛发可能继续生长；提供给婴儿加强性的医疗看护，能提高1.5千克时出生胎儿的存活率，这种婴儿可能需要在早产婴儿保育箱中一直待到体重长到2.3千克为止。

怀孕第八个月：胎儿身长45厘米左右，体重在2.5—3.5千克；胎儿的生存空间变得越来越狭窄，他的运动量有所减少；在这个月以及接下来的一个月，一层包裹他周身的脂肪得以生长，将会帮助胎儿适应子宫外变化的温度。胎儿脂肪保护胎儿适应外在环境。

怀孕第九个月：大约在出生前一周，胎儿停止生长；胎儿平均体重大约3.5千克，体长约50厘米；男孩大多比女孩更长一些，也更重一些；脂肪垫继续形成，器官系统更有效地发挥作用；心率增加，更多的废物通过脐带排出；皮肤的淡红色慢慢褪去；出生时胎儿大约在子宫生活266天；大部分医生认为怀孕时间是从母亲最后一次月经开始，因此胎龄计算通常为280天。

我们看到，早产的孩子只有在胎儿六个月的时候才有可能存活，并且一定要先待在保温箱里增重才可以。我们还从胎儿每个月的成长和变化中看到，每个生命的诞生，都蕴含了他在子宫里九个月的成长规律和生命秩序。如果出现基因的问题，或许完全可以用现代医学手段检测出来，并获得及时治疗和干预。

了解产前发育规律，方便父母们对照和核对，后续的治疗和康复就会更加清晰。

88. 自然流产和死产对妈妈和孩子有影响吗

这一节我们换一个角度跟家长朋友探讨一下流产可能对孩子产生的影响。

妈妈有没有多次流产的经历？

流产分为两种，自然流产和人工流产。

自然流产的原因多种多样。有母亲健康的原因；有药物的原因；还包括环境因素导致的自然流产。

一旦妈妈出现自然流产，对妈妈的影响会是什么呢？对下一个胎儿的影响又会是什么呢？也许有的妈妈做过思考并进行了身体修复和心理修复。而大部分妈妈也许从来没有做过这方面的思考，从而对自己和下一个胎儿产生了一定程度的影响。关于具体的影响，我会在下一节一起讨论。

谈到流产，有时我们还会讨论死产的问题。

死产——胎儿在子宫里面发育到几个月的时候，突然因为各种各样的情况，有的是因为外伤，有的是因为药物，有的是因为其他原因便死在子宫里了。

死产对妈妈的影响是什么？对下一个孩子的影响是什么？也许绝大多数妈妈一直没有重视过。

也许今天是时候把流产和死产拿出来，一起进行评估和讨论，从而修复对妈妈的影响和对下一个孩子的影响了。

我先给家长朋友提供一个小故事：在东京的一座寺庙里，很多小婴儿雕塑旁边都有供奉者送给地藏菩萨的玩具和礼物。地藏菩萨是一个开悟者，人们相信他能够看护好那些流产和死产的胎儿，并最终通过轮回引导他们得以重生。所以，这种仪式是一种忏悔和纪念的祭祀，是对逝去生命的一种补偿方式。

我想说明的是，目前一些妈妈可能还没有选择对自己自然流产或者人工流产或者是死产的生命，做一些哀悼、告别或者做一些祭祀。如果也能够像日本那样做，不但是对逝去的生命表达一种尊重，同时对妈妈来说，也会疗愈因为这个生命的离开和丧失，对自己心理造成的哀伤和痛苦，对妈妈的心理创伤无疑会起到安慰和抚平作用。

这个故事提示妈妈们：如果曾经发生过自然流产或者死产，我们也许不妨用这样的方式做一些心理干预，将对妈妈的身心调整起到帮助作用。一旦妈妈内在的伤痛被疗愈，对妈妈之后怀孕的孩子来说，在出生和之后的成长中，就不会带着妈妈的伤痛前行。我们也希望把这个评估带入到被诊断为孤独症谱系障碍孩子的后续治疗和康复上，引入上述原因进行核查和思考，引入必要的心理干预，这样就会在妈妈的心理层面上起到非常大的支持和帮助。如果我们能够这样做，就会减少妈妈内心存留的后悔、难过、悲伤、自责对今天这个孩子的影响。

89. 人工流产对妈妈和孩子有怎样的影响

这一节，我们聚焦在如果有的妈妈在孩子出生前发生一次或者多次人工流产，将会对妈妈以及后续所生的孩子产生影响的评估上。

我从所接触的一些家庭，或者一些妈妈处获取的一些信息中得知，人工流产无外乎有以下几种情况。

第一种情形：父母没有准备好怀孕。

当父母没有任何心理准备想要开始怀孩子继而当父母的时候，妈妈知道自己怀孕以后，父母会干脆果断做出堕胎决定。有时这种意外怀孕也许会导致多次人工流产的发生。

第二种情形：夫妻关系不好。

有的妈妈一旦怀孕后，因为夫妻关系不好，夫妻两人经常争吵，持续一段时间后，甚至决定离婚。当这种情形发生的时候，为了减少胎儿带来的麻烦，或者为了回避孩子出生以后带来的养育麻烦，有的妈妈就选择了提前终止妊娠。

第三种情形：少女未婚先孕。

有的少女没有结婚，或者刚刚谈恋爱，甚至连恋爱都没有谈，便有了一次或者多次婚前性行为，当得知怀孕时，这些少女认为自己年龄小，也没有能力养育，又考虑社会舆论和父母的压力等，轻而易举地做出了人工流产的决定。

第四种情形：医学检查。

有的妈妈怀孕后，经过医学检查，包括染色体检查，发现孩子出现发育问题，为了避免孩子出生以后的不健康概率，会做出人工流产的决定。

第五种情形：重男轻女的传统思想。

有的妈妈在怀孕过程中，受传统思想和某些地域文化的影响，会产生非男不生的心理。妈妈会接受来自自己、丈夫、父母、公婆和家族的压力。通过医学B超检测，发现是女孩时，妈妈就会做出人工流产的选择。

上述人工流产的情况存在，无论是妈妈情愿的，还是不得已而为之，对于妈妈来说，或者对于下一个孩子来说，都会在心理上产生一定程度的影响。对妈妈的影响也许还有身体层面和精神层面的。对于下一个孩子来说，一旦受精卵在子宫里形成，子宫环境就会对受精卵和胚胎以及后续的胎儿产生一系列的影响。如果妈妈的子宫是经过一次或者多次人工流产手术的，子宫内膜必定留下不安全或者遭受创伤的印记，而这些印记时刻都被胎儿感知着。所以妈妈的子宫对下一个胎儿来说是否安全，以及妈妈的子宫有没有符合下一个胎儿生长所需要的安全、营养的环境是值得重视的。如果有的妈妈在发生人工流产后进行过心理调适、心理干预以及身体的修复，就会减少子宫环境和心理环境对孩子的影响，从而会消除那些留存在子宫内的伤痛印记，为下一个孩子创造一个健康、平缓、安全的养育环境。

90. 流产、死产对妈妈的影响

这一节，我们会聚焦到治疗的部分。我们前两次谈到，如果一个妈妈之前出现过流产或者死产的情况，我们如何来帮助妈妈在心理和身体上消除流产或者死产带给妈妈以及下一个孩子的影响。

我们之前讨论过自闭症成因，谈到了母体环境对孩子的影响。如果妈妈心理上还没有平复过去的创伤，或者她的身体还没有准备好让下一个孩子诞生时就开始怀孕了，也许对下一个孩子生命胚胎的形成，或者是出生后的养育都会带来一系列的影响。

在传统文化里，一个妈妈发生流产或者死产时，家人往往都会选择尽量回避，避而不谈，或者认为这不是什么光彩的事，有的甚至认为是羞耻的或者罪恶的。如果这样，对妈妈来说就不能获得社会支持，从而导致妈妈一旦想到流产或者死产的画面就会引发痛苦、害怕、恐惧，或者羞耻感和罪恶感。

我们难以想象，作为准父母应该如何面对和应对失去未曾谋面孩子的痛苦。也许不同的人有不同的感受。但相似的或者共性的是，失去孩子的女性，很多时候可能会有不适感或者失败感，她们的情绪有时是愤怒的，而这个愤怒有时又是指向自己，或者是指向没能阻止流产或死产发生的人；也可能指向没有提供足够支持的伴侣。她们还会有内疚，这个内疚往往指向自己没能做到尽自己所能，而导致失去孩子。她们也会有焦虑，这种焦虑是指向下一个孩子，她们常常问自己："我还会有孩子吗？如果有了孩子，会是一个健康的孩子吗？"也许她们还会受到家庭当中的其他成员，特别是自己生育的长大了的孩子或者是伴侣的责怪等。

如果父母不为失去的孩子而悲痛，或者是不为这个失去的孩子而难过，通常会在失去孩子的纪念日的时候，这种痛苦和悲伤的情绪会非常强烈地涌出，而作为妈妈会更加强烈。从男性的角度，对失去孩子，流产和死产的发生，可能较少关注，并且男性的身体也不会提醒他失去了孩子。从这样一个角度讲，流产、死产对妈妈的影响大过爸爸。但无论怎样的流产，妈妈都特别需要配偶非常多的关爱。也就是，如果爸爸帮助妈妈，就要主动提起这个话题，而不是忽视流产是痛苦的，还有对妈妈要富有情感地聆听她所表达的悲伤和遗憾；允许妈妈悲痛哭泣；允许她需要一段时间来疗愈。

而我们需要避免的是，不要最小化地淡化这个痛苦，或者是询问为什么会发生，还有就是劝说妈妈回避痛苦，让她继续前行，这些都是不恰当的。

91. 如何对流产、死产的妈妈进行心理治疗

我们仍然聚焦到如何对曾经流产或者死产的妈妈进行心理支持上。

上一节，我们对曾经发生流产或者死产的妈妈，在心理帮助上给了一些提示，即如果你是配偶、家人或者朋友，能做的是什么，不能做的是什么。我们还要了解妈妈在这个过程中内在的情绪反应和内在压抑的感受都是什么，这些都会对妈妈的心理具有一定的帮助作用。

我们可以从另外一个角度再分享一些帮助妈妈减少身心痛苦的疗愈方法。

方法一：留出时间谈论这件事。

我们邀请妈妈，包括爸爸要留出时间谈论这件事。要留给妈妈准备好了的时间，当妈妈能够准备好谈论流产、死产失去这个孩子的时候，妈妈内心那些积压已久的情绪就可以慢慢被允许浮现出来，身体的记忆就会被打开，那些伤痛也

会自然而然浮现出来，这对妈妈来说是非常必要的身体和心理释放。一旦这些被压抑的情绪和伤痛释放出来，妈妈身体上那些痛苦的记忆就会慢慢消退直至消失，妈妈就不再对下一个孩子产生负面的影响了。

方法二：创设并举行一个纪念典礼或者仪式。

妈妈要在自己准备好的时候，分几个步骤来做。一是可以给孩子做一个告别仪式，或者一次哀悼或追悼。在这个仪式中，由妈妈对失去的这个孩子说一些哀悼和追思的话，诉说这个生命对妈妈来说有多重要，这个生命对这个家庭来说有多重要，这个生命对后面小弟弟小妹妹又有多重要；二是由妈妈给这个流产或者死产的孩子在这种纪念仪式上取一个名字，由妈妈诉说这个名字所蕴含的意义。三是由妈妈为这个失去的孩子写一篇文章，或者是写一首诗，或者写一些纪念性的东西来读给他。四是由妈妈放一些物品，比如孩子的超声波影像记录。五是给孩子制作一个特殊的证书，让孩子感受到他这个生命无论存活了多长时间，即使是非常短暂的，爸爸妈妈也会永远记住曾经拥有他生命的时刻。

当妈妈做完上述这些，也可以寻求心理咨询或者支持性的团体获得心理支持。有的时候我们还可以用一些鲜花，用一些有纪念性的物品代表这个生命，给孩子做一些纪念。比如取下鲜花的花瓣，然后由妈妈把这些花瓣伴随着日记或者文章等丢到风里、海里、河里、江湖里，来表达对曾经拥有的这个生命的纪念。这样在妈妈内心就消除了之前所形成的负面的情绪，从而消除了这个生命的影响，也让这个生命随着这些纪念的发生，在妈妈的身体里有一次新的更新，这种新的更新特别体现在对下一个孩子的祝福和对妈妈的祝愿上。

92. 你知道剖腹产和顺产对孩子有怎样的影响吗

从这一节开始，我们就进入到新生儿期孩子发育发展的讨论，帮助家长做一些回顾、检查，看孩子在新生儿期，父母特别是妈妈做得怎么样？

我们曾在84节中讨论过剖腹产对孩子可能产生影响的话题，现在我们会通过文献再次增加相关的认知。

一项研究表明，分娩对胎儿产生压迫，努力分娩的过程明显会刺激胎儿，使其体内产生大量的两种应激激素，肾上腺素和去甲肾上腺素。

大家也许还记得这两个激素名称。它们都属于神经递质。特别是去甲肾上腺素，之前在探讨自闭症生物因素的原因方面讲到过。它是抑制或者激活大脑神经发育机制的化学物质。现在我们又获得了新的知识，在正常分娩的过程中会刺激胎儿产生去甲肾上腺素，使分娩中激素大量增加，清除婴儿肺内多余的液体，使婴儿得以呼吸并运送储存的营养物质去滋养细胞，输送血液到心脏和大脑。可见，去甲肾上腺素与孩子的神经发育和大脑发育相关。

文献还告诉我们，这些激素使婴儿更加警觉，并且做好与其他人交流的准备，有助于增进婴儿与母亲的联系。

对照自闭症的症状之一“人际关系和沟通出现障碍”，我们可以回溯到一个生命最早期分娩的时候，如果一个孩子是自然分娩的，婴儿所形成的去甲肾上腺素就可以帮助婴儿做好与其他人交流的准备，并能增进婴儿与母亲的联系。从这里也许就可以找到孩子一旦出现人际关系和沟通障碍的其中一个原因了。

剖腹产绕过了这种分娩经历，导致孩子在人际关系和沟通上会与正常分娩的孩子有所不同。科研结论告诉我们，顺产的好处，是能够帮助胎儿更快地适应子宫外的世界。

出生后的前四周叫新生儿期，是新生儿从子宫到外部世界的过渡期。在子宫内，胎儿完全要依靠母亲生活，出生了以后，胎儿就要一点一点让自己独立地适应外部环境，让自己慢慢地学会跟母亲分离并自己生活。

如果妈妈能在生产之前，获得顺产是对孩子后天发育发展有利的认知，我想很多妈妈都会选择顺产。除非妈妈遇到必须剖腹产，否则影响母婴安全的情形。

93. 你知道孩子出生后5分钟内氧缺乏的后果吗

这一节我们聚焦在新生儿期，孩子出现怎样的发展和变化，会对后天发展产生影响，从而看看家长采用怎样对应的治疗和康复方法才是最有利的。

第一个变化：胎儿通过脐带来获得氧气，排出二氧化碳。新生儿比胎儿需要更多的氧气，出生后他们必须独立获得氧气，这是对新生儿的要求。大多数婴儿从他们来到这个世界的那一刻就开始呼吸了。呼吸对于新生儿刚刚降生的时候是非常重要的。

如果新生儿在出生后的5分钟（临界值）内，没有开始呼吸，因为氧缺乏或者氧不足，会导致永久性的脑损伤。

看到这里，我有两个假设供家长参考。一个是脑瘫的孩子，是不是因为出生后的5分钟内氧缺乏所致呢？而另一个是孩子出生后，不到一周就跟妈妈一起回家坐月子了。如果坐月子期间，新生儿所处的空气环境中氧气不足，或者遇到家庭装修所带来的有害有毒化学物质掺杂在空气中，是否也会导致新生儿的大脑损伤呢？

我们如果从大脑的发展和神经发育的部分对患有孤独症谱系障碍的孩子进行评估，也许我们可以回顾孩子在出生后的5分钟内是否开始呼吸，有没有氧缺乏，有没有氧不足的情形进行评估，这样就可以获得孩子是否发生大脑的损伤的概率。

第二个变化：婴儿的肺泡数量只有成人的十分之一，特别是早产儿极容易出现呼吸的问题。伴随着宫缩、胎盘和脐带的反复压缩，可能导致分娩中氧缺乏或者氧不足，这种氧缺乏、氧不足，都称为分娩创伤，可能会导致孩子永久性的脑损伤，或者智力发育迟滞，或者行为问题，更加严重的就是死亡。

这个部分的文献再次提示妈妈需要回顾，在生产孩子的时候，有没有出现因为呼吸的问题、氧缺乏的问题导致孩子脑损伤的出现。出生时是否发生氧缺乏，是评估孩子后天是否发生脑损伤、智力发育迟滞，还有行为问题的关键。

之前谈到孩子会有多动、冲动或者攻击性等行为问题，现在可以根据这部分的文献学习找到相关原因。

第三个变化：婴儿的吸吮反射是在婴儿出生以后很快就出现的行为。

对应婴儿发展出吸吮反射的行为，我们就自然而然想到母乳喂养。那么妈妈在孩子出生以后多长时间才能分泌母乳，婴儿多长时间才可以吸吮到母乳？这中间其实有一个间隔，这个间隔给婴儿和妈妈彼此都留了一个时间和空间做准备。如果妈妈身体好、营养好、情绪也好的话，说明妈妈准备好了，妈妈会随着婴儿的诞生自然发展出分泌乳汁的功能，恰好婴儿的吸吮反射功能也出现，让母婴联结和互动在婴儿诞生以后就天然发生了。两者契合越融洽，对于婴儿后天的心理、认知、情绪的发展越有利。

94. 孩子睡眠问题原因出在哪儿

我们所接触的孤独症谱系障碍患者的父母常常告诉我们，他们的孩子很多时候不容易睡觉，即使睡着了，也会很快醒来，让家长叫苦不迭。这一节，我们聚焦在婴儿的睡眠来进行分析，看看是否可以帮助家长找到相关原因。

文献告诉我们，婴儿有一个内部生物钟，每天调节饮食、睡眠、排便，甚至情绪。所以，周期性的觉醒、睡眠和活动是先天的，也是有很大个体差异的。生物钟控制着婴儿的觉醒状态，而觉醒状态和睡眠有关。

有数据表明：一天中大多数婴儿有75%的时间都在睡觉，75%的时间也就是18个小时，而且不分昼夜地睡觉，婴儿会每隔3到4个小时醒一次吃奶。

新生儿的睡眠是静态睡眠和动态睡眠交替的；动态睡眠以1个小时为单位有规律地循环。

从出生后的第一个月开始，婴儿的夜间睡眠时间逐渐延长，总体睡眠时间逐渐缩短，白天清醒的时间开始延长。

一些婴儿从出生后的第三个月开始，整夜都在睡觉；出生后的第六个月，婴儿通常会在夜间连续睡6个小时，夜里短时间的清醒也很正常，甚至在婴儿晚期以及学步期也会出现每天晚上会醒的情况，有的会醒一次，有的醒两次。2岁的小孩可以睡13个小时，这13个小时包括午睡时间。

从上述文献的记录中，家长们也许就获得答案了。正常的婴儿会按照正常的生物节律睡了醒，醒了吃，吃了再睡，中间很少哭闹。如果你的孩子经常醒来，或者常常伴随着哭闹；或者一旦哭闹，就会哭闹很久，这就意味着孩子身体不舒服，心理也会感觉没那么安全，提示家长要找原因了。我们会看到一些孩了，看上去是睡着了，但是睡得不香不沉，睡觉时孩子有时甚至出现身体突然的抽动；孩子连续睡眠的时间也不稳定持久；也有的孩子只是习惯在妈妈、奶奶、外婆的怀里睡，需要抱着才睡得好，一放下就醒，无论放婴儿车还是床上，放下去他就醒了。

当上述现象发生的时候，我们就要提示家长们做一些评估。孩子一旦从物理角度脱离母体，看似分离，其实孩子心理上先天存在和母体深刻的联结。这个联结是通过婴儿的呼吸、吃奶、触摸和身体接触，以及妈妈的回应即时发生的。比如，孩子往往通过他的嗅觉就能知道妈妈在不在他身边。我们还常常看到，婴儿哭闹时，只要能够迅速吃到妈妈的乳汁，即使有时候妈妈没有足够的乳汁，婴儿也会很快睡去，这是安抚奶嘴不能代替的。还有的婴儿只要妈妈抱而不要其他人抱，只有妈妈抱他的时候他才肯睡，而其他人抱的时候都不肯睡，这说明婴儿对妈妈身体的温度、血流速、脉搏等是非常熟悉且敏感的。所以，母亲对孩子来说有特别重要的影响。

因此，孩子出现睡眠问题，妈妈要首先检查孩子婴儿期时，妈妈有没有始终陪伴在孩子身边；母乳喂养是否充分；身体接触是否足够。同时父母也需要核查，是否因为父母吵架、打架的原因而让婴儿期的孩子受到惊吓，或者因为其他原因让婴儿身体感受到不安全。当一个一个原因核查清楚了，孩子睡眠问题的原因也就容易找到了。

95. 你能够识别孩子的哭声所传递的信息吗

这一节我们带领家长聚焦到孩子的哭声进行探讨，看看孩子的哭声会传递怎样的信息？看看妈妈对孩子的哭声是否足够敏感？看看父母对孩子的哭声怎样回应才能有益于孩子的心理和神经发展？

哭泣是婴儿表达饥饿、不舒适、孤独或者不高兴的方式。在语言没有形成之前，他只有用哭来表达。孩子哭就意味着寻求帮助，孩子用哭来传递要么饿，要么身体不舒服，要么觉得一个人很孤独，或者拉了、尿了、热了、冷了、不高兴等信息。

孩子用哭声传递信息，妈妈的敏感度够吗？孩子希望妈妈的敏感度要适时，即妈妈时刻都能识别孩子不同的哭声所传递不同的信息；时刻都能够感受到孩子的不同需求。比如孩子热了会怎样哭，饿了怎样哭，拉了、尿了怎样哭，不开心了又会怎么样哭。这都考量一个妈妈高度的敏感性。

心理学家曾经在依恋理论中指出，一个敏感的妈妈，可以瞬时通过孩子哭的声调、强弱度以及频率知道孩子所要表达的内容。当妈妈满足孩子需要的时候，孩子要么立刻不哭，要么破涕为笑，要么欢欣鼓舞，要么扑进妈妈的怀抱享受其中，就说明妈妈这种高度敏感性和孩子所发生的内在需求是密切结合在一起的。

我们之前讨论过，有的妈妈因为各种原因在孩子出生以后不能亲自照料孩子，而把孩子送到爷爷奶奶、外公外婆那里照料，或者由保姆照料，妈妈一旦做出这样的选择就丧失了与孩子的联结，当然也不会发展出对孩子的敏感性。

对于妈妈的敏感性，换一个角度说，就是妈妈对孩子有没有那么“懂得”。这个懂得分两个部分：一是懂得孩子的生理发展各个细微的变化，比如我们之前讲过的孩子在胎儿期、新生儿期的各个阶段的生理变化。二是懂得孩子在每个发展阶段的内在需求和外在情绪所要表达的内容。如果妈妈对孩子不敏感，这个孩子又由其他人照顾，当其他人也跟妈妈一样没那么敏感，孩子在后期发展中就可能出现孤独症谱系障碍诊断标准所列的“肢体语言、语言系统，沟通交流、人际关系等发生阻滞、困难或者障碍”的情形了。因为，当孩子通过哭声一次又一次发出求助信号的时候，不能获得回应，久而久之，孩子便会减弱或者停止用哭声来传递需求的信息。从此，孩子便关闭了沟通的通道，当孩子长大后，无论妈妈是否因为工作压力大、生活压力大，或者是学业压力大而忽略跟孩子之间的互动，孩子似乎对妈妈的这些忽略行为都不再敏感，孩子觉得他是不重要的，所以，孩子自然选择疏离妈妈、远离妈妈，不愿意走近妈妈，从而进入自闭状态。

所以，回顾生命早期，看母婴的互动有没有给孩子成长带来所需要的帮助，继而发展出后续社会化人际关系交往和沟通能力是非常重要的。如果这个部分妈妈做得不够的话，妈妈就要从现在开始重新养育，慢慢开始补课，直到补足为止，也许这是任何一个治疗师和康复机构都无法替代的。

96. 回应婴幼儿哭声的方法

上一节我们讨论了妈妈对婴幼儿的哭声是否敏感以及如何回应。这一节我们会在具体的操作方法上给妈妈一些指导，看看妈妈怎样做才可以补偿对孩子过往的缺失，或者当孩子出现自闭症倾向的症状，在人际交往、沟通方面出现困难障碍的时候，妈妈怎样做才对孩子的康复有帮助。

1999年心理学科研结论告诉我们：持续的哭泣可能是疾病的早期症状，需要引起父母的注意。

对于持续哭泣的婴幼儿，心理学家给出以下安抚的方法：

方法一：把婴儿抱在胸前，让他感觉到你的心跳和呼吸，或者抱着婴儿坐在舒适的摇椅上。

方法二：把婴儿放在你胸前婴儿的背带里，带着他走来走去。

婴儿喜欢妈妈这样抱他、摇他、晃他，其实跟妈妈怀孕的时候他在子宫里，妈妈带他走来走去是相关的。

方法三：如果你心情烦躁，就让其他人抱着婴儿。

当妈妈有情绪、烦躁时，妈妈不要抱孩子，让其他人抱孩子。婴儿时刻能够感受到照料者的心情，并且做出回应。

方法四：轻拍或者抚摸婴儿的后背，以防气泡让婴儿觉得不舒服。

在婴儿哭的时候要轻拍他的后背，或者抚摸他的后背。而且要把他抱起来。

方法五：用小毛毯把婴儿舒适地包裹起来，从头到脚结实地包裹起来，胳膊放在两侧夹着身体，这时候婴儿会觉得更安全。

我们用毛毯把孩了包起来，一是避免孩子身体冷，因为有的时候孩子的哭声是对应冷的，二是有的时候包起来是对应孩子安全感的。孩子被毛毯包裹起来会有一种柔软、舒服、安全的感觉。

方法六：让婴儿感到温暖或者凉爽，给他穿上或者脱掉衣服，或者调节房间的气温。

这是对应冷热的，如果有空调可以通过空调来调节冷暖，如果没有空调可以通过自然风调节。

方法七：给婴儿做按摩，或者洗个暖水澡。

婴儿是喜欢被抚触、被按摩的。洗澡也是孩子特别喜欢的母婴联结方式。

方法八：给婴儿唱歌或者跟他说话；或者让婴儿听持续有节奏的声音。

妈妈哼哼啊啊的回应对孩子很重要。有节奏的声音可以是播放的音乐，或者是模拟的心跳，或者电风扇、吸尘器发出的微噪音。对于孩子来说，这就相当于他过去在子宫里熟悉的声音。

方法九：在白天或者晚上用婴儿车带婴儿出去散步。

上述方法虽然针对婴儿，但当孩子已经从婴儿期进入儿童期了，妈妈也可以用同样的方法对待长大了的孩子。从心理学上来说，生理年龄长大的孩子未必在心理年龄上同步增长，自闭症的孩子恰恰需要在心理年龄上配合他们长大。

97. 怎样对孩子进行心理补课

上一节我们谈到婴儿期的孩子如果用哭声来传递需求的时候，要看妈妈的敏感度怎样。妈妈足够敏感，对婴儿的哭声及时回应，这对孩子是重要的。

这一节，我们聚焦到孤独症谱系障碍儿童的治疗和康复上，看看一个足够敏感的妈妈对自闭症儿童会有怎样的作用。

我们或许都有过这样的体验，孩子在小的时候常常通过哭来传递求助或者求救的信号，妈妈如果足够敏感，及时回应或者及时满足孩子，孩子就感受到了妈妈第一时间是爱他的亲他的；妈妈是能够迅速走到他身边，感知到他身体和心理不舒服的好妈妈。

如果一个生命在早期的时候，被妈妈或者照料者这样对待，会增加他生命的自我价值感。反之，孩子的自我价值感或者说自我意识就会变弱，认为自己不重要，或者可有可无。我们曾接触过一些妈妈，即使妈妈带着孩子来到咨询室，妈妈对孩子的注意力和关注度也不那么高，更谈不到呵护了。有的孩子想上厕所，妈妈厉声厉色说你自己去！有的孩子想拿咨询室里的玩具，妈妈就全力阻止；有的孩子到处乱跑，妈妈就把孩子抓回来死死卡在两腿中间；有的孩子在大声喊叫、蹦跳，妈妈就给孩子两巴掌；有的孩子想靠近妈妈，妈妈却几次把孩子推开；有的孩子对妈妈又哭又闹，妈妈对孩子说，你哭也是没用的，我不会走到你身边来。我想，孩子恰恰用这些行为向妈妈传递信息，希望妈妈能够陪他玩，陪他说话，靠近他。妈妈如此回应孩子，可能会对孩子后期的人际关系和沟通能力的发展造成影响。

我们常常说一个孩子人际关系和沟通能力的发展，都源于在生命初期和他的重要人物之间的互动。如果妈妈跟孩子互动和敏感度不够，可能会是孩子有自闭症倾向，或者被诊断为孤独症谱系障碍的一个重要因素。

回到治疗和康复的角度，如果孩子已经4岁、5岁、6岁，或者更大一些了，怎样把之前说的重新养育的方法带入进来呢？这个时候是对妈妈、爸爸以及养育者最大的考验，我们需要像对待婴儿一样对待我们现在已经长大了的孩子。

其一，当看到孩子不高兴的时候，或者哭了的时候，妈妈能不能够第一时间把孩子搂在怀里，不说任何话，只是搂着他，让他感受到妈妈的体温、呼吸、心跳和身体的温暖，当孩子感受妈妈全然接纳的时候，孩子的身体就会变得柔软，心情也随之平稳了。

妈妈不恰当的做法是说个不停，“你看你哭什么呀，哭有什么用？有什么事儿你就说嘛”等等，孩子这时候其实不需要妈妈说这么多，他只是需要你关注他、懂他、爱他就够了。

其二，当看到孩子有需求的时候，妈妈要蹲下来，用手拉住孩子的手，用眼睛看着孩子的眼睛，然后带着耐心询问孩子的需要和孩子的感觉，这样孩子会觉得你是贴近他的心的，你是带着关怀的，孩子会感受到你的安全感并对你产生信任。

其三，当孩子有时出现烦躁的时候，妈妈需要先默默陪伴在孩子身边，用眼睛跟随孩子的视线，用身体慢慢靠近孩子。当孩子能够安静下来的时候，先用手拉住孩子的手，并抚摸孩子的手，当孩子的身体变得柔软的时候，把孩子搂在怀里，再用手轻拍或者抚摸孩子的后背，整个过程不需要用语言，最多可以发出哼哼啊啊的摇篮曲似的声音，让孩子仿佛回到小时候的感觉。

其四，当孩子有时害怕或者晚上不敢一个人睡觉的时候，妈妈可以先抱起孩子，告诉孩子别怕，妈妈在这，爸爸也在这，我们都陪着你。然后可以陪伴孩子躺下，并给孩子讲故事，然后再用手拍着孩子，唱哼摇篮曲，并不断重复，让孩子感受到越来越安全，孩子的身体便开始放松，也就可以安心睡觉了。

当妈妈持续做出这些的时候，孩子跟妈妈的安全、可信任的互动关系便慢慢建立起来了。这对孩子长大后克服沟通困难或者人际关系障碍非常有帮助。

98. 食物对孩子更重要还是情感对孩子更重要

现在我们聚焦到这样一个新主题：新生儿与父母的联结，对一个孩子后天建立人际互动、情感交流有多么重要。我们仍然会通过文献记录来与家长们做一些分享。

生态学认为：人类和动物的成长都是由生物学因素决定的，强调特定行为发展的关键期或敏感期不容错过。

谈到生态学，先介绍两个实验。

实验一：1935年，奥地利动物学家洛伦茨在小鸭身上做了一个实验，他发现刚孵化出来的小鸭会追随它们最初看到的移动对象，通常是鸭妈妈。这一现象被后来心理学称为“印刻现象”。

心理学家认为，人类不同于动物，不存在建立联结的关键期。这个观点意味着，一个孩子无论是在婴幼儿期还是3岁以上时，或是进入了青少年或者成人期，对爱的联结的需要时刻都在期待和渴望中。只要父母能够满足和给予，孩子时刻都给父母机会。如果是这样，就会缓解父母养育错过关键期的内疚感；或者也会缓解那些不得不与刚出生的孩子分开的亲生父母的担忧和内疚。

自闭症的研究专家和发展心理学得出结论，在父母有条件的情况下，仍然不能错过儿童期父母与孩子建立这种特殊的依恋关系的养育。

实验二：心理学家亨利·哈洛在恒河猴身上所做的依恋实验。1959年，美国心理学家哈洛及其同事报告了一项研究成果：让新生的婴猴从出生第一天起同母亲分离，以后的165天中同两个母亲在一起——铁丝妈妈和绒布妈妈。铁丝妈妈的胸前挂着奶瓶，绒布妈妈没有。虽然当婴猴同铁丝妈妈在一起时能喝到奶，但他们宁愿不喝奶，也愿同绒布妈妈待在一起。哈洛由此得出结论，身体接触对婴猴的发展甚至超过哺乳的作用，也就是，只有在有饮食需要时，它们才去找铁丝妈妈，其余大部分时间则依偎在绒布妈妈身上。虽然这个实验的对象是猴子，许多心理学家认为，它对人类婴儿同样适用。

从上述两个实验得出结论：食物不是婴儿从母亲那里得到的最重要的东西。孩子的情感需要比食物更重要。

依据这个结论，我们就可以看到婴儿的心理成长和神经发育以及情感发展，都离不开母亲。关于母亲，我们可以做些延展讨论。

孩子天然需要生育他的母亲陪伴整个婴幼儿期的发育和成长，提供给他需要的生理营养和心理营养。

在一些特殊的情况下，生育的母亲不能亲自养育时，孩子也需要有一个“像妈妈一样”的人，具有妈妈养育的功能，满足孩子内在的需求。我们有的时候看到孩子跟奶奶和外婆要比跟妈妈更亲，这说明奶奶和外婆已经在孩子心中替代了妈妈的位置。

99. 给孩子的爱永远都不会晚

上一节我们从生态学和心理学的两个实验中，了解到了小鸭和鸭妈妈之间的跟随行为以及婴猴和猴妈妈之间的依恋关系，对于动物后期发展的重要性。在哈洛所做的实验中，我们得出的一个结论是，食物不是婴儿从母亲那里得到的最重要的东西，而与母亲身体接触的舒适感，还有先天依附的满足感，对于孩子来说更重要。也就是说，情感需要比食物更重要。

对照上述结论，我们可以看到婴儿的健康成长，有些需要必须从父母那里得到满足，这也是父母的重要养育责任和义务，而更加重要的是孩子不能离开妈妈。

第一，爱孩子比给孩子吃奶更重要。我们常说，“有奶便是娘”，但是，对照孩子的内在需求，孩子更多的是需要妈妈陪伴在身边，而不是妈妈仅给孩子食物的满足。比如，很多妈妈的共性做法是，当她离开孩子一段时间后再回到孩子身边时，会给孩子买很多好吃的食物，试图跟孩子建立紧密关系。但是我们观察到的是，孩子也许对食物只是一时满足，当孩子吃饱了妈妈买的食物后，要么对妈妈置之不理，要么就跑向他的代养人那里，而不和妈妈亲近。所以，从孩子的角度看，能够爱孩子的妈妈可能比“有奶”的妈妈更重要。

第二，孩子更多地需要妈妈的身体亲近。从依恋关系来看，孩子需要与妈妈各个部分的身体接触。比如妈妈的母乳，是孩子非常需要的。孩子在吸吮母乳的过程中，可以让母乳通过孩子的口腔、舌头、嘴唇吸入，这对发展孩子的吸吮功能是非常有帮助的。孩子在吸吮乳汁的过程当中，又能和妈妈的乳房时刻贴近，这对孩子感受爱的联结和获得安全感都是非常重要的。除此之外，孩子也特别喜欢被妈妈抱着、搂着、晃着、摇着。特别是在孩子睡觉的时候，孩子心理会感觉到安全和踏实。

妈妈和孩子之间建立的依恋关系越好，对自闭症的孩子在社会交往和沟通能力的发展越有帮助。妈妈需要做些回顾和对照，看看过去对孩子在上述部分是否做得充分和足够？孩子是否由自己亲自养育？养育过程中与孩子的内在情感联结是否紧密？如果做得不够，妈妈从现在开始要给孩子进行心理补偿，孩子会时刻给妈妈补课的机会，然后妈妈就可以把过去未曾给予的关爱，用孩子现实需要的方式补偿给孩子。这对孩子后期的康复会起到推动作用。

100. 你知道孩子的肢体语言是如何发展出来的吗

现在我们聚焦到孩子的肢体语言以及情绪和情感是如何发展出来的讨论上。肢体语言的发展也属于母婴联结的重要部分，它直接决定了孩子的情绪和情感的发展。我们看到成人之间的肢体接触对情绪和情感的影响，无一不是从母婴依恋发展而来。所以，看到自闭症孩子无法用肢体语言传递信息以及缺乏情感互动时，家长们就需要为孩子补上这一课。

第一，肢体接触推动孩子身体语言发展。

在自闭症诊断中，其中一个部分涉及评估孩子身体语言能不能发展出来。

身体语言是孩子从母婴依恋发展而来，换句话说是从妈妈这里学来的。如果孩子从出生后就获得了妈妈更多的怀抱、抚摸、亲吻，长大一些时，妈妈和爸爸也能与孩子拉手、抚摸、拥抱，或者让孩子骑在爸爸的脖子上等，这些都会促进孩子身体语言的学习和发展。孩子会在与父母的身体接触中体验爱与被爱。每一个身体接触都会传递不同的人际交往语言，孩子也会在彼此的互动中学习如何用身体传递信息。

第二，亲吻行为激发孩子情绪和情感发展。

我们或许在哺乳动物身上会发现另外一种身体接触的方式。无论马、牛、羊，在小动物出生时，妈妈都会舔舐小动物全身。成语“舐犊情深”说的就是动物的舔舐行为。

落到婴儿的身上，婴儿出生后，妈妈也会做出很多亲吻孩子的行为。妈妈往往亲吻孩子的脸蛋、额头、嘴唇、小手、小脚丫，亲孩子的全身。妈妈这样做的时候，一方面孩子会从妈妈的亲吻行为中感受到他是被爱的、是被喜欢的，同时也会发展出孩子的积极情绪，让孩子感受到快乐、开心、喜悦、兴奋。同时也会激发孩子的情感发生，比如，当孩子大一点的时候，妈妈亲了孩子一下说，“来，宝贝，亲妈妈一下”，孩子会迅速亲妈妈一下。我们观察到，孩子亲了妈妈也会引发孩子的积极情绪和互动情感。

第三，肢体接触增加孩子的内在安全感，推动孩子探索半径加大。

当一个孩子身体的安全感越来越充足、越来越丰富的时候，孩子向外探索的半径就越来越大。无论跟小朋友，还是跟陌生人，即使跟小动物和植物，孩子都会产生安全的联结。父母做得越到位，孩子在陌生情境下探索意识和能力就会越大。

我们希望在孩子处于婴儿期时，最好是由妈妈通过身体接触给足孩子所需要的安全感。这对孩子来说是很重要的。如果妈妈因为各种原因不能做，爸爸做也可以满足孩子的需要。

传统观念里养孩子是妈妈的事，爸爸只负责赚钱养家就可以了。这就导致不少爸爸对在婴儿期的孩子没那么感兴趣，或者连抱都不想抱一下。但是我们发现，很多爸爸一旦有了孩子后，会迅速把自己推向父亲的角色并发挥父亲的功能，特别是当孩子大一点，能够说话或者走路的时候，爸爸就可以抱起孩子，跟孩子建立起安全联结和情感联结了。

爸爸虽然没有乳汁，但是只要爸爸愿意陪伴孩子，愿意抱起孩子，孩子从不拒绝。他会体验到爸爸身体的温度，愿意牵起爸爸的手指，感受爸爸带给他的安全感和传递给他的爱的力量。爸爸有时刻意把孩子带到人多的地方，让孩子骑在脖子上或者趴在他背上，跟孩子建立联结和互动，或者在孩子稍大一点时，跟孩子一起踢球、打乒乓球，这对孩子自信心的培养非常重要，特别是在推动孩子的人际交往和社会沟通能力上更加有帮助。

我们更加希望在一个家庭里，有妈妈和爸爸两个人轮换配合养育孩子。孩子会感受到爸爸妈妈都是爱他的，爸爸妈妈之间也是彼此相爱的。这对推动孩子的人际关系发展和沟通能力的发展也许更加直接和直观。

101. 怎样把孩子的症状与过往发育建立逻辑关系

孩子从婴儿期到幼儿期不同发育阶段所发展出来的功能，与孤独症谱系障碍诊断标准所确定的“社交情感互动存在缺陷、用于社会交往的非言语交流存在缺陷、发展维持和理解关系存在缺陷”这三个部分的症状之间，有哪些逻辑性的联系，是这一节我们聚焦的主题。下面我来帮助家长做一些澄清，做一些探索和评估。

联系点一：一个孩子在出生前和出生后大脑的快速发育，使认知和情绪的快速发展成为可能，只要孩子大脑发育，认知和情绪就开始发展。

根据第一个联系点，我们要在胎儿期发展是否顺利与后期出现的“症状”之间建立联系。孩子在胎儿期，能够听到子宫内的声音，出生后，胎儿保留了对子宫的记忆。

对应胎儿期的上述发育，我们需要跟妈妈做些核查了。比如妈妈是否在胎儿期常常积压很多情绪，或者常常情绪化，或者常常大喊大叫。如果胎儿听到妈妈带有情绪化的声音，子宫内的记忆会很敏感，胎儿也会因为妈妈的这些情绪而受影响，这对他后天的认知和情绪的发展会发生关联。

联系点二：婴儿最初的笑是自发性的，它与中枢神经系统皮层下的神经冲动有关，与脑干或边缘系统的兴奋状态变化有直接联系。随着婴儿认识到照料者对他的温暖回应以及对照料者面孔的识别，他的微笑就慢慢变成情绪的表达，具有更强烈的社会导向。

婴儿的微笑，刚开始仅仅是因为吃饱了，睡好了，有舒适感。随着婴儿一天天长大，婴儿和照料者之间的波动反应会影响婴儿的情绪化发展。比如，在我们之前所讲到的“人脸识别”实验中，婴儿会随着照料者的脸是开心还是不开心、是喜悦还是抑郁、是平静还是愤怒这些变化，而发生情绪变化。当婴儿看到照料者这些表情的时候，婴儿情绪发展的部分就具有更强的社会导向。我们也许可以从孩子的面部表情，获知孩子小时候曾经被照料者、被妈妈怎样对待过。

联系点三：婴儿通过自己身体和其他事物的运动来学习。

婴儿在抛玩具、泼水、扔沙子等游戏中，会认识到自己的身体运动能够改变周围的世界，他们的自我意识也变得更加丰富。

由此，我们可以对照孤独症谱系障碍诊断标准之一的

“用于社会交往的非言语交流存在障碍”这一条来核查，妈妈或者爸爸是否给孩子提供了各种各样的游戏供孩子身体运动能力的发展？妈妈爸爸是否陪伴过孩子一起玩这些游戏？妈妈爸爸是否观察到孩子在玩这些游戏时，孩子表情和眼神以及身体语言的发展？让妈妈爸爸做这些核对，是因为孤独症谱系障碍诊断标准同时提到孩子“发展维持和理解关系”的社会化发展，恰好与孩子这部分发展密切相关。

诊断标准还提到孩子“缺少结构化语言和相关肌肉运动的协调，不能够发出声音，也不能说话”，因为婴儿最先发展的是身体语言，同时伴随一些词汇的尝试，儿童语言的获得促进认知理解和社会交流的迅速发展。父母如果能够在孩子婴幼儿期陪伴孩子玩游戏，并在游戏中发展孩子的语言能力、表情和眼神的互动能力，以及“发展维持和理解关系”的能力，对孩子后期发育是非常重要的。如果父母错过了孩子最佳的发育和发展期，现在孩子大了，我们仍然可以在孩子后期的康复训练中把陪伴孩子玩游戏带入进来，推动孩子这些能力的发展。

102. 你知道孩子身体能力的发展变化吗

这一节我想带领家长朋友回顾孩子从婴儿期向幼儿期发展过程中每个阶段的生理变化，以便父母做一些检查，从而明确在孩子养育过程中，哪一个阶段出现了怎样的问题，导致孩子出现孤独症谱系障碍诊断中的问题。

1992年美国“婴幼儿运动技能发展”的数据告诉我们：

翻身：婴儿在3个月多一点的时候，开始翻身，到5个月左右彻底完成翻身的动作。

抓握：婴儿的抓握也是在3个多月开始，到4个月的时候抓握能力就发展完成。

坐：婴儿一般快到6个月的时候，便可以独立地坐起来，将近7个月的时候，会直立坐得很稳当。

扶站：婴儿在7—8个半月的时候，就可以站起来了。但要扶着物体站。

拿：在8—10个月的时候，婴儿可以用拇指和其他手指拿物体。

独立站：婴儿在11—13个半月左右，就可以独立站了，不需要扶东西就能完成。

走：婴儿在12—15个月的时候就可以走路了。

搭两块积木：孩子在15—20个月时，也就是1岁半左右能搭两块积木，把一个积木和另外一个积木放在一起。婴儿之前玩积木，都是拿着玩儿、拿着看，拿在一块。

爬台阶/楼梯：孩子从16个半月开始到21个月，也就是快到2岁的时候，就可以爬台阶，在家里边爬楼梯。

原地跳：通常孩子快到2岁的时候，可以在原地蹦蹦跳跳，到2岁半的时候，就可以完全地原地跳。

画图：孩子在3岁后到4岁的时候，可以画图。

从上述孩子身体和各项运动能力的发展，可以看出共性和规律性的变化。孩子在任何一个阶段的发展变化，父母清楚吗？如果父母不清楚，孩子在每个发展阶段又是怎样度过的呢？是否有父母在孩子身边陪伴度过每个发展阶段？还是父母不在孩子身边，不知道孩子是怎样度过每个发展期的？还是即使父母在身边，却对孩子的上述发展做了干扰或者限制性的行为？这些都需要父母带入觉察，进而找到后续解决方案。比如，有的家长希望孩子早写字、早画画，其实要看孩子有没有长到3—4岁，或者要看孩子即使到了这个年龄，孩子的画画能力有没有发展出来。父母要观察的是，孩子会不会拿笔，能不能拿笔在纸上画，是只能画一道直线还是可以画曲线，能不能把直线连起来形成一幅图画。如果孩子在4岁的时候还不能画画，父母持有的态度、观点和行为又是怎样的？这些都是影响孩子后天发展的重要因素。因此，请父母多做些回顾和核查，以便可以找到恰当有效的治疗和康复方法。

103. 父母如何做才可以帮到孩子

这一节我们聚焦在当妈妈发现孩子有自闭症倾向或者被诊断为孤独症谱系障碍以后，妈妈要做一些什么样的治疗和康复性的行为才能帮助和促进孩子向更好的方向改善。

下列方法也许有的妈妈一直坚持在做。如果妈妈们没有做过，从现在开始做，一点都不晚。

做法一：母亲每天至少两次主动地对孩子说话。

做法二：母亲每天至少抚摸或者亲吻孩子一次。

做法三：检查或者觉察——母亲或照料者（奶奶、外婆、保姆）每天是否对孩子大喊大叫。

做法四：检查或者核对——主要的照料者有没有对孩子表现出明显的厌烦和敌对情绪。

做法五：当主要的照料者比如妈妈离开的时候，是否可以保证有三个常备替代者中的一个照看孩子的活动。这里可能涉及两个部分，第一个就是当孩子有一个照料者的时候，有没有其他备用的照料者，能像妈妈一样照顾他。有的时候是爷爷、奶奶两个人，或者外公、外婆两个人，或者爷爷、奶奶、外公、外婆轮流起来，四个人一起照顾一个孩子。

做法六：检查或者核对，孩子每天生活、休闲、娱乐的环境是不是安全的，有没有存在危险因素。

做法七：家里是否设置了与孩子年龄相称的器材。比如婴儿的座椅、婴儿的护栏等。

做法八：照料者有没有把孩子放在可视的范围内，并随时注意孩子的动向。这是检查照料者的细心和谨慎程度。

做法九：照料者有没有在自己做家务或者工作时和孩子交谈。意思是妈妈可以边做家务、边工作，边跟孩子交谈。让孩子看到妈妈既在做事情又可以跟自己说话，从而推动孩子人际关系的发展。

做法十：父亲每天有没有拿出一些时间照看孩子。

做法十一：父母有没有带着孩子常常去亲戚家，或者去朋友家拜访，特别是让孩子跟亲戚家、朋友家的小孩一起玩。如果能够做到，也可以推动孩子的社会化人际关系的发展。

104. 父母如何成为孩子的第一任康复训练师

之前我们谈到，一旦发现自己的孩子出现自闭症倾向或者被诊断为孤独症谱系障碍，父母要学习重新养育来给孩子补上过往耽搁、缺失的这一课。接下来，我们提供一些方法供父母们核查和参考。

做法一：从孩子出生以后到现在，父母有没有给孩子提供足够的感官刺激，以及避免过多、过度的刺激？

做法二：当孩子长大一点的时候，父母有没有创造一个有利于孩子学习的环境，包括有没有绘本，有没有玩具，有没有孩子玩的场所？

做法三：妈妈有没有对孩子即时回应？回应能够帮助孩子建立信任感，让他感觉到这个世界是友好的，并给孩子一种能够控制自己生活的感觉。

做法四：有没有教孩子一些生活常识？比如孩子发现扭动门把手可以开门，按下开关可以开灯，按下水龙头可以出水，按下手机的功能键可以打开屏幕。

做法五：有没有告诉孩子一些事物的功能？比如哪些是可以移动的，哪些是可变的，帮助孩子理解事物之间的联系。

做法六：有没有给孩子提供自由探索的空间？比如是否允许孩子跟其他小朋友玩，是否允许孩子爬高，是否允许孩子跑来跑去，是否允许孩子玩滑板等。

做法七：有没有经常对孩子说，听收音机或者看电视是不允许的，给孩子设置各种各样不允许做的事情？

做法八：在跟孩子玩的时候，有没有时刻关注孩子感兴趣的东西，并把这个感兴趣的东西引向深入？

做法九：跟孩子一起学习的时候，有没有跟孩子做一些标记、做一些分类等？

做法十：有没有对孩子做得好的给予赞赏，给孩子鼓励？

当这些都能够做到时，父母就可以成为孩子喜欢和需要的康复训练师了。

105. 孩子的自我意识是如何建立和发展的

孩子的自我意识发展所对应的年龄是20—24个月，也就是当孩子会走路的时候，孩子开始使用第一人称“我”。孩子使用人称“我”这个词语或者用身体的语言来表达“我”的时候，标志着孩子的自我意识出现。

随着自我意识的出现，很多孩子越来越挑剔、越来越淘气、越来越不听管、越来越不乖。他们会不吃你给他吃的食物；迅速脱下你给他穿的衣服；坚决扔掉他不喜欢的玩具；自主去选择他想吃的、做的、玩的、穿的、戴的，而不要你参与进来。孩子嘴边常说的一个字就是“不”。

这个过程中，有的家长会觉得孩子是不是开始不听话了，是不是得多动症了；有的家长甚至开始紧张，或者带孩子去看医生。当家长一旦进入这些误区的时候，说明家长们不了解自己的孩子，需要增加发展心理学的学习。

美国心理学家认为，孩子在2岁左右表现出自我的部分具有夸大性，称为“可怕的2岁”。如果孩子在这个时期表现出来“可怕”，父母要怎样做呢？今天给家长提供一些方法，避免家长走进孩子得多动症的误区。

第一，父母要掌握、了解孩子在对自我的发展上是非常灵活的，有他自己特殊的喜好。

第二，父母要把自己看成一个安全的港湾，设定安全的边界，儿童可以凭借这个基地向外探索世界，也能够返回来寻求父母的帮助。

第三，为儿童创造一个安全的家，便于他们安全地探索不易破坏的物品。

第四，避免对孩子身体惩罚。身体惩罚常常是无效的，甚至导致孩子越来越不听话，他会对抗父母的惩罚。因为这个时候他自我的部分要发展出来。

第五，给孩子提供选择。即使很小的选择，也能给到孩子控制感。比如，你想现在洗澡？还是看完书再洗澡？

第六，给孩子实施必须的要求时，要保持一致性。意思是不能变来变去，不能多重信息，要给孩子一致性的信息。

第七，尽量不要打断孩子，要等孩子自己转移注意力。打断孩子，往往都是父母的需要。如果父母必须要打断，要先给孩子一些心理准备。

第八，当孩子的行为变得令人讨厌的时候，建议孩子改做其他的活动。学会转移孩子的注意力，更多地给孩子提建议，而不是更多地提要求。

第九，将对孩子的要求与愉悦联系在一起。比如到了停止玩的时间，就告诉他现在不要玩了，我们可以一起去商店吗？

106. 你如何应对孩子的不听话

当孩子来到“可怕的2岁”时，更多地表现出他的自主性，用大声喊“不”来对抗，坚持自己的权威，坚持自己的想法。

孩子自主意识的发展从2岁开始，4岁到达顶峰，6岁开始下降。在这个过程中，孩子要自己说了算。

如果家长的做法不恰当，孩子常常会表现出自我中心。如果家长能够恰当地跟孩子进行互动，会促进孩子在后续人际关系、人际互动上形成良性发展。孩子会学会自我控制，增强胜任感和避免过多的冲突。

我们通过接触自闭症孩子以及家庭观察到：有的父母对孩子过于严格、严厉，当孩子说“不”的时候，父母往往会用禁止、命令、强迫的方式应对。有时在孩子不听话的时候，父母甚至会采用各种各样的惩罚方式打骂孩子，忽略孩子的感受，拒绝或者排斥孩子。那么，父母怎样做才是恰当的呢？今天给家长们提供一些方法做参考。

第一，提醒孩子你希望的是什么，而不是你要求他的是什么。比如孩子去操场的时候，我们就告诉他，请不要走出操场的大门，这样就会处于一个安全的可控的空间，否则，你不表达你希望的，只告诉他你不要走出大门，孩子在听到这样的指令的时候，因为他自主性的发展，他就会逆着来。

第二，当孩子没有立刻服从你的时候，你怎么办？我们需要做的是，等几分钟再重复自己的要求。这个时候要学会等待，不要急不可待，急不可耐，对于孩子来说，是给孩子心理空间。

第三，通过暂停停止争端。我们要学会按暂停键，当孩子不听话的时候，我们不要惩罚他，也不要打他、骂他，我们要告诉孩子，此时你也不要讲话，我也不要讲话，我们就暂停在这儿，等想好了、想通了，我们再做下一步。

第四，有压力的时候，学会尊重孩子。比如一个家庭常常出现的压力有，妈妈生病、夫妻吵架、家里来客人、新孩子出生、搬家等，孩子在这种情况下学会钻空子，如果父母在这种压力情境下，对孩子少些要求、少些控制，孩子就会觉得被尊重了。

第五，尽量跟孩子保持积极的氛围。创造跟孩子合作的空间，而不是管理的或者管制的空间。让孩子在自主性的发展上，既会做自己，也听父母给他的指导和指引。

107. 你知道孩子的气质类型吗

1984年，美国纽约的一项研究将儿童划分成三种气质类型。家长朋友可以从中对照一下自己的孩子属于哪一类？这三种类型都属于孩子正常发展的范畴，没有好坏之分。只是我们要看自己的孩子在对应研究过程中存在哪些差异化的成长。

这三类儿童的分类分别称为：易养型、难养型和适应缓慢型。

易养型：容易养育的类型。特点是情绪温和，强度适宜，且经常表现出积极情绪；能够很好地适应新事物的变化，能够较快地形成有规律的睡眠和饮食习惯，睡眠和饮食没有问题；很容易适应新事物，对陌生人微笑；很容易适应新环境；能够接受大多数挫折，且很少慌乱；能够很快地适应新游戏中的新规则。

难养型：不容易养育的类型。特点是经常表现出负性情绪且较为强烈，经常大哭或者大笑；很难适应新事物和变化，睡眠和饮食不规律。孩子难养的时候，要么大哭要么大笑，该睡的时候不睡，该吃的时候不吃；接受新事物较慢，怀疑陌生人，适应新环境较慢，遇到挫折时易怒，适应新规则较慢。

适应缓慢型：外在的特征是对新事物和变化回应都较慢，与难养型儿童相比，睡眠和饮食比较有规律，但并不如易养型的儿童有规律；对首次遇到的人或到达的地方或者陌生的情境，最初会表现出较为温和的消极反应；新刺激多次重复出现后，会逐渐变得接受和喜欢新刺激并毫无压力地面对它们。反应较为温和，强度中等，积极情绪和消极情绪都有。

从上述研究结果来看，易养型和适应缓慢型的孩子对家长的养育压力不大。让家长压力大的是难养型的儿童。我们可以站在正常的角度来看这样的孩子，请家长朋友评估一下孩子的遗传因素，孩子出生后母婴互动关系怎样，以及家庭因素对孩子所带来的影响。

如果分清了孩子的成长类型，父母会大大减轻焦虑，特别会减少父母给孩子贴上有病标签的几率，也让父母从中感知到每个孩子的差异性和发展的独特性，就像没有相同的两片树叶一样，一人一样，一人一法，只要父母在养育中更多地接纳而不是更多地要求，孩子慢慢都会回归到健康的轨道上。

108. 你知道让孩子睡觉的方法吗

上一节我们谈到孩子难养的一个表现是睡眠不规律，或者不好好睡，或者该睡的时候不睡，或者睡着后突然醒来大哭。有些被诊断为孤独症谱系障碍的孩子，的确会在睡眠上存在这样或那样的困难。今天我把一些方法推荐给大家，看看能不能帮到大家。

方法一：建立规律而不仓促的入睡程序。

家长需要在孩子睡觉之前20分钟左右，做些安静的活动。比如在睡之前阅读故事、唱摇篮曲，或者安静地交谈。

这个方法对家长情绪的稳定性、内在的稳定性有较高的要求，需要家长带着极大的爱心和耐心为孩子准备入睡的情境。如果家长经常很焦虑或者很急躁，孩子就可能会收到被催促、被命令的入睡指令，这对改善孩子睡眠问题是没有什么帮助的。

方法二：在孩子入睡之前，不要和孩子看恐怖或者吵闹的电视节目。

现在很多孩子全天都会捧着iPad看动画片，家长也会追着各种各样的电视剧或者抖音、快手这些娱乐媒体看来看去，吵吵闹闹、嘻嘻哈哈到很晚。如果家长不注意时间管理和睡眠管理，会让孩子在该睡觉的时候神经兴奋，不好入睡。

方法三：避免在孩子睡前有剧烈的运动。

有的家长在给孩子进行康复的时候，有时会让孩子多运动，多出汗。但是在孩子睡觉前，尽量不要让孩子这样做。

方法四：如果夜灯让孩子睡觉时感觉到更舒服，就留下一盏小小的灯。

有的孩子自己睡一个房间不喜欢关灯，这时家长要给孩子留一个夜灯，可以给孩子买他喜欢的卡通人物式样的夜灯，放在电源插座上，孩子夜里醒来的时候会感觉有人在陪伴他，对孩子会起到安慰作用。

方法五：睡前不要给孩子吃东西，或者摇来摇去、晃来晃去、举高等。

方法六：保持冷静，不要答应孩子一而再地讲故事，或者再喝一杯水、再上一次厕所的要求。

方法七：当孩子做好睡前行为时，给予奖励是必要的。

方法八：能够稍微晚一点睡觉。

父母要掌握孩子的生物钟。将最佳睡眠点推后30分钟左右，这对孩子是有帮助的。

方法九：帮助孩子获得足够的睡眠。

如果孩子半夜醒来，要把他抱回到床上，平心静气地说话，并且轻拍孩子的背。但是不要跟孩子对话，要保持你的和蔼和坚定，可以对孩子说，你要睡在自己的小床上，有妈妈拍着你就好了。过度劳累或者压力大的儿童，更容易出现夜晚惊醒的情况。如果发现孩子梦游，要把梦游的孩子抱回到床上。

方法十：孩子如果做噩梦，要消除他们的恐惧。

如果孩子做噩梦的时间超过6周，父母需要引起重视，要去看医生。

方法十一：孩子夜间被噩梦惊吓了以后，不要叫醒孩子；如果孩子醒了，也不要问任何问题，让孩子继续睡觉，在旁边陪伴他即可。

109. 怎样抚平孩子童年期的心理创伤

孤独症谱系障碍诊断标准中，有一项是“对感官刺激有过强或者过弱的反应”，家长可以对照这个诊断标准检视，如果你的孩子对疼痛感觉迟钝，是不是因为在小的时候经常挨打，而且不止一次，久而久之孩子就丧失了对疼痛感觉的敏感性，继而出现了麻木的状态。我们在咨询室接触过的孩子就会传递这样的信息，“你打吧，打一次我觉得疼，打多了我就不觉得疼了。”久而久之，孩子对疼痛就失去了他的感觉。

家长还可对照诊断标准中另外一条检视自己，即“坚持一成不变，固守常规惯例，或有仪式化的语言或非言语行为”的诊断标准。如果家长对孩子的管理过于严苛，要求孩子说话、行为都一定要按爸爸妈妈的规矩规范来，而且要一成不变，如果有变化，父母就要打他。久而久之，孩子的自主性便慢慢丧失，孩子变成了完全听之任之、父母教他怎么做就怎么做的“工具”，即我们常说的“木头人”。于是，孩子在发展社交关系时不敢表达自主性，“坚持一成不变，固守常规惯例，或有仪式化的语言或非言语行为”应运而生。

生态心理学家告诉我们：虐待和忽视是家庭、社区和社会等多重因素共同作用于孩子成长过程中，使之感到惊吓、恐惧的重要因素，也继而影响到孩子的人际关系。

在美国，60%的儿童受到的虐待是忽视，18%的儿童受到的虐待是身体虐待。虐待包括身体虐待、忽视、情感虐待，甚至有的时候包括性虐待。

身体虐待：对孩子拳打脚踢。

情感虐待：包括拒绝、恐吓、孤立、剥夺、奚落，或不能给孩子情感支持、爱和感情。

有的父母常常在管教孩子时生气或者发脾气，看到孩子不听话或者犯错，先狠狠地打孩子，再把孩子推出门外，或者关在一个没有灯的小黑屋里，并对孩子说“不要你了，直到你改正错误”。更严重的是，有的父母无论在冬天还是在夏天，把孩子赤身裸体地推出门外。孩子一旦有过这样的遭遇，童年心理创伤便形成了，这对孩子后天的发展影响非常大。

家长抚平孩子心理创伤的方法无外乎两个：第一要给孩子进行心理创伤治疗，第二父母和孩子一起进行家庭治疗。

110. 你知道什么是婴儿惊吓综合征吗

我们谈到孩子出现“对感官刺激有过强或者过弱的反应”，以及“坚持一成不变，固守常规惯例，或有仪式化的语言或非言语行为”这些孤独症谱系障碍的行为特征时，不能忽略孩子小的时候受过严重惊吓的原因。孩子一旦“吓傻了”，就有可能出现上述症状中的一个或者几个。

先给家长朋友提供一个专业的术语——婴儿惊吓综合征，来增加我们的认知。

婴儿惊吓综合征的症状：孩子常常在未满2岁的发育过程中，表现出昏昏欲睡、烦躁不安、呼吸困难、站立呕吐、皮肤苍白或者抽搐昏迷；婴儿甚至不能吸吮、吞咽，也不能发出声音，眼睛不能盯着移动的物体看。这些症状发生的时候，我们就可以诊断为婴儿惊吓综合征。

婴儿惊吓综合征其实就是因为虐待形成的。美国的一个数据表明，2004年美国有60%的受虐儿童是男孩儿，

65%~90%的施虐者是男性，通常是父亲虐待孩子。

孩子如果患有惊吓综合征，会导致婴儿后天留下学习和行为障碍、神经损伤、发育迟滞、瘫痪失明、永久性植物人等这些后遗症。

判断孩子小的时候是否受到惊吓，父母需要从以下几个因素进行回顾和评估。

回顾一：妈妈是否有严重的情绪化问题，常常暴跳如雷，把孩子当成情绪垃圾桶。

回顾二：父母的关系是否很恶劣，常常在孩子面前大声喊叫，经常厮打。

回顾三：妈妈有没有存在现实性身体疾病和生存压力，导致孩子无法被照料。

回顾四：妈妈是否经常酗酒、吸毒，导致不健康的养育。

如果成长在上述任一环境中，孩子常常会受到各种各样的惊吓。我曾经接触过一个男孩，就属于惊吓综合征。妈妈说，在孩子小的时候，她就属于情绪化的妈妈，不但与爸爸关系不好，还经常动手打架，打架时根本不会顾及孩子的存在，孩子常常蜷缩在一个角落里发抖，直到“战争”平息了，才会发现孩子的存在。妈妈还说，如果她有情绪了，即便前一分钟在给孩子吃奶，后一分钟也会迅速把孩子扔到床上，并告诉孩子“我不要你了”！孩子就会大哭。无论孩子怎样哭闹，妈妈都不会理会孩子，更谈不上安慰孩子、抚慰孩子，或者抱起孩子了。而这个男孩就出现了上述描述的几乎所有症状，让妈妈痛心疾首。

111. 父母管教孩子的风格和策略

这一节我想跟家长朋友探讨一下管孩子的风格和策略。

在我接触的自闭症家庭中，很多父母在跟孩子互动中一直都在“管”，多数对孩子有很多的要求，有时也会有强迫或者是命令，还有的时候存在忽视、拒绝或者排斥行为。从孩子的角度，无论是否被诊断为孤独症谱系障碍，都希望父母更多地爱他们，接纳他们，陪伴和允许他们。

美国心理学家的一项研究成果指出：父母管教的有效性依赖于儿童在认知和情绪上对父母所传达信息的理解和接受程度。也就是你管孩子，要让孩子知道管的是什么。

家长常常劈头盖脸地骂孩子、打孩子、羞辱孩子，孩子有时一头雾水，不知道自己错在哪儿，从父母那里收到的是，不能这样、不能那样，怎么可以这样、怎么可以那样一类的抱怨和指责的话。孩子只有认识到父母的管教信息与他相关并适合他已经发生的行为，才会接受这种管教。

美国心理学家提出，相应的管教方式，家长必须要公正、准确，并且与期望一致。这里提到有三个标准。

一是公正。父母要做到公正，就是对每个孩子都要公平公正对待。比如多子女家庭，对待儿子和对待女儿的管教方式要一样；对老大和对老小的管教方式要一样。当每一个孩子看到父母的管教不偏不倚，孩子就会服从这种公平公正的管教。

二是准确。准确就是犯什么错，做什么样相应的管教，而不是他昨天犯的错，今天才管；或者他犯了一个小错误，你用一个很严重的方式来管他，这是不合适的。

三是一致。家长要做到内外一致，表里一致。家长必须把管教与孩子的不当行为相匹配，要符合孩子的性格、认知和情绪发展水平。

父母在管教的时候，要做到温和而坚定，并且能积极响应孩子所传递的信息，多听孩子的表达，而不是“一言堂”。

另外，孩子是否接受某种训练方法，可能取决于该方法的使用是否符合家庭规范。所谓家庭规范，是指你的家庭是权威式的，还是放任式的。孩子犯错了以后，严格型的家庭一定让孩子自省其过，想想错在哪里，明白错了以后，再跟爸爸妈妈道歉，再跟人家道歉。与此相对的，还有忽略型的家庭规范。这些都需要父母进行觉察和核对。

112. 适合孩子的父母管教

美国心理学家鲍姆琳德提出父母的管教风格或教养风格有专制型、放纵型和权威性三种类型。

第一种类型：专制型。

专制型的父母强调控制和无条件的服从，他们试图要求儿童要严格遵守一系列的行为规范。如果违反，通常会使用惩罚的方式来管教孩子。这样的父母常常让孩子感觉冷漠，缺少温暖。他们的孩子也更容易不满、孤僻和不信任他人。

专制型教养风格培养出的孩子，在自主性的发展上会受到影响。孩子会没有主见、说了不算，或者常常很犹豫，甚至在父母强权的时候，这样的孩子只学会服从。孩子要么就变成书呆子，要么就变成乖孩子，孩子表现出来听话、懂事，但内在动力和创造性不足。

第二种类型：放纵型。

放纵型的父母强调孩子的自我表达和自我调节；父母对孩子很少提要求，允许孩子尽可能多地监控自己的行为，他们会和孩子共同决策，很少惩罚孩子；他们也很温和，没有控制，没有要求，甚至对孩子来说是放纵的。

放纵型换一个词叫作散养型，这类父母几乎不对孩子有任何管教。很多外出打工的父母，常常把孩子留在家里，让孩子自然而然地适应他的老师、同学、照料者。他们认为，或许这样可以培养孩子的自主能力。但这样的孩子长期缺少父母对他们的关心、指导、帮助、支持和爱护，孩子会在后续的发展过程中变得很随意，他们会表现出心理年龄和生理年龄不匹配的现象，看上去心理年龄会偏小。他们在同龄的孩子中有时会被欺负，或者不会形成一种管理自己、保护自己的方式和方法。

第三种类型：权威型。

权威型的父母重视儿童的个性，强调社会制约；相信自己有能力引导孩子，也尊重孩子的决定、兴趣、意见和个性；关爱、接受孩子，也要求孩子具有好的行为，并且坚持建立标准，在温暖支持性的关系中，实施有限的明智的惩罚；喜欢诱导训练，解释自己选择立场的原因；鼓励孩子跟家长进行谈判或者交换意见。

权威型的父母带给孩子最重要的影响是孩子会发展出内

在的自信，这样的孩子在后天发展过程中，会自然而然形成好的沟通能力和好的人际关系。

我们希望父母将更多的权威型的管教方式带到孩子的养育中。

113. 父母怎样帮助婴幼儿消除恐惧

这一节我把关于儿童恐惧的文献分享给家长。如果你的孩子小时候受过惊吓，这种惊吓造成的恐惧也许现在还持续保留在他的身体细胞里，在遇到惊吓刺激时，会有自动化的身体反应和神经反应表现出来。家长们可以通过下列文献的描述边回顾边思考，看看要采用怎样的修复方法来帮助孩子。

0—6个月孩子恐惧的来源：失去照顾和有人大声喧哗。

7—12个月的孩子，害怕陌生人，害怕登高，害怕突然的、意外的、若隐若现的物体。

1岁的时候，孩子害怕父母分离；害怕独自一个人上厕所；害怕陌生人；害怕受伤。

2岁的时候，孩子恐惧噪音，比如警报、打雷等声音；孩子害怕动物，比如猫、狗等；孩子害怕黑暗的屋子；害怕与父母分离；害怕比较大型像机器人一样的机械；害怕个人环境的变化，比如搬家、换养育的场所、换养育人等；害怕不熟悉的同龄人，其他陌生的小孩来到他面前的时候，或者比他大一点的话，2岁的孩子都会有恐惧的心理。2岁的时候，孩子害怕、恐惧的东西比1岁的时候多一些。

3岁的时候，孩子害怕戴口罩的人；害怕黑暗；害怕大一点的动物；害怕和父母分离。

因此，我们建议父母关注如下几点：

第一，在婴幼儿期，妈妈对孩子的陪伴尤为重要。

第二，父母之间的关系和家庭的稳定对于孩子来说非常重要。孩子在哺乳期内，父母离婚对孩子的影响很大，孩子害怕父母离开他，无论是一方离开他，还是双方离开他，他都害怕。有的时候父母离婚了，会选择都不要孩子，把孩子扔给了爷爷奶奶、外公外婆；有的时候，妈妈选择抚养孩子而爸爸不选择；有时是爸爸选择抚养孩子而妈妈不选择。这对孩子后期心理发展都会产生影响。无论何种原因，父母分开都会增加孩子内心的恐惧感和不安。

第三，父母或者其他带养人不要给孩子讲鬼故事，特别是对长期不在父母身边的孩子，更不要在晚上或者孩子临睡前讲恐怖的故事。

第四，不要经常给孩子换生活或者养育环境。孩子希望他所生活和成长的环境相对固定，这对孩子内在的稳定是有帮助的。孩子害怕经常搬家，换幼儿园，换老师，换保姆，换新环境，这会无形中增加孩子的焦虑和不安全感。

第五，孩子需要爸爸作为心中的“英雄”或者“保护神”来增加内在的安全感。爸爸增加陪伴孩子的时间，会让孩子对陌生人、陌生物的恐惧感慢慢降低。

第六，妈妈是否经常有恐惧心理？如果妈妈的安全感不足够，经常担心、担忧孩子，焦虑不安，会增加孩子的恐惧心理。

114. 父母怎样帮助孩子度过心理分离期

这一节我们仍然聚焦到孩子的害怕或者恐惧的探讨上，看看它的来源是什么，以及父母要采用什么方法帮助孩子消除恐惧。

上一节我们谈到了3岁前孩子害怕和恐惧的原因，接下来我们看看孩子3岁以后会有怎样的情况。

4岁的时候，孩子害怕与父母分离；害怕动物；害怕黑暗；害怕晚上突然出现打雷等噪音或者警报的声音。

5岁的时候，孩子害怕动物；害怕坏人；害怕黑暗；害怕与父母分离；害怕身体受伤。

6岁的时候，孩子害怕超自然物体；害怕身体受伤；害怕雷电；害怕黑暗；害怕自己一个人睡或者待着；害怕与父母分离。

有时家长会问我们，孩子什么时候分床才是恰当的？从理论上来说，孩子上幼儿园的时候，就要学会和父母分床。

但当孩子持续到6岁，晚上还不敢一个人睡，也不敢一个人待着，家长需要先排除雷电或者鬼故事等外在情境对孩子的影响，再核查一下父母在推动孩子安全感的发展上做了什么，比如当孩子害怕的时候，父母是陪伴在孩子身边，还是远离孩子？父母是把孩子抱起来安慰，还是指责、训斥？父母是给支持和鼓励，还是冷漠和拒绝？如果父母做到了恰当的陪伴和支持，也要允许孩子心理分离的延后发展。

当家长发现孩子受到惊吓，可以用系统脱敏疗法帮助孩子。

第一步：把孩子搂在怀里边，然后告诉他不要怕，不要怕，不要怕。

第二步：如果没那么严重，家长就先把孩子叫到一边，用调侃的方式跟他讲话。比如，现在你都已经长成男子汉或者都长成大姑娘了，故事里的女巫、鬼、神，都是骗人的，都是不存在的，那只是在故事里的一种比喻、一种神话。或者你已经大了长高了有力量了，那些女巫、鬼、神见到你，他们才害怕，你才是最厉害的。这样说可以帮助孩子消除恐惧、害怕心理。

7—8岁的时候，孩子害怕鬼、女巫等；害怕媒体事件；害怕一个人待着；害怕身体受伤；

媒体事件，比如关于核战争威胁，或者绑架儿童的新闻报道等。特别是冠状病毒的出现，疫情的影响，无论是电视媒体、网络媒体还是自媒体，所有的报道都涉及每天又有多少人被感染，又有多少人死亡的数据等。

7、8岁的孩子，刚好是小学1、2年级的小学生，他们听到这样的消息时会害怕。这个时候非常考量孩子内心的安全感够不够，同时也考量父母的安全感够不够。如果父母的安全感足够，可以告诉孩子病毒只在一个区域内传播，现在国家和各个省市都在采取各种各样的措施和办法抗击病毒，我们保护好自己就好了。父母如果带着这种安全和保护意识，就可以给孩子在病毒疫情下的恐惧心理起到安抚作用，孩子的恐惧就会慢慢地减少。

9—12岁的时候，孩子害怕学校的考试和测验；害怕学习成绩不好；害怕身体受伤；害怕外貌长得丑陋而被别人耻笑；害怕雷电；害怕死亡；害怕黑暗。

有的妈妈曾经跟我说，孩子怎么常常说怕我死，怕爸爸死，或者怕自己死这样的话题。孩子9—12岁期间，是孩子心理分离期的过渡期，孩子在与父母心理分离的过程中，往往会涉及到丧失和死亡的命题。这时就考量妈妈或者爸爸的安全感够不够，如果父母的安全感足够，孩子就没那么害怕分离，如果父母的安全感不够，孩子在分离问题上就会常常焦虑。

另外，爸爸妈妈在孩子9—12岁期间，也要注意对孩子自我认同的培养。孩子在进入青春期时，会在乎自己的外在形象，并在乎同龄人怎样评价他。所以，父母要多欣赏孩子、多认可孩子，让孩子在独立自主和自我认同上获得更好的发展，孩子就不会那么在乎别人怎么看他了。

115. 父母如何帮助孩子做好上幼儿园的心理准备

很多父母对孩子上幼儿园，或者孩子被诊断为孤独症谱系障碍，存在一些焦虑，怎么帮助孩子顺利过渡去幼儿园或者去康复机构进行训练呢？下面我们来谈一谈。

从理论上讲，在孩子上幼儿园之前，家长要在三个方面评估孩子是否做好心理准备。

一、孩子是否有亲社会行为？

亲社会行为，换一个词说就是“利他”行为，意思是看孩子有没有发展出爱心，有没有发展出同理心。这个能力主要是父母从小培养出来的，孩子在小的时候，父母要从家庭文化、家庭教育和亲子关系中，让孩子从父母“利他”的言传身教中，学习“利他”所带来的社会荣誉感和内心愉悦感。当孩子看到妈妈爸爸更多的善良、温暖、热心、爱心、助人表现的时候，久而久之就会发展出这样的亲社会行为，他也会自然而然表现出爱心、同理心等。这些是帮助孩子上幼儿园、发展他社会化人际关系很重要的一部分。

二、孩子是否有攻击性？

我们接触到的一些孩子，在幼儿园或者康复机构时会发生大大小小不同的攻击行为。家长一旦发现孩子有攻击行为发生的时候，就要寻找攻击的原因。

首先，孩子是不是为了保护自己，而用攻击的形式避免其他小朋友欺负他？其次，孩子的攻击行为是不是来源于孩子小时候常常挨打，或者多次被惩罚和虐待的结果？三是看看孩子的攻击行为是不是因为父母或者隔代养育者纵容的结果？

三、孩子有没有恐惧和受惊吓的先例？

孩子如果之前有过恐惧和受惊吓的先例，就会胆小，会在社会化人际关系互动的行为发展中表现出有些犹豫、停滞、退缩，甚至会表现出怕同学、怕老师、怕陌生环境。

家长需要针对上述三个方面的心理准备对孩子进行有针对性的评估，然后再调整自己的行为，把我们之前讨论的内容和方法一并带入，就可以支持孩子的发展。

116. 孩子建立和发展友谊的规律

这一节我们带领大家聚焦在孩子“社会情感互动”上的讨论，看看如何帮助孩子发展同伴关系和建立友谊。

孩子发展同伴关系和建立友谊的能力，在孩子很小的时候就显现了。学走路的孩子在其他儿童旁边或者附近玩儿，就是其中的一个表现。

联结是人类的五大天性之一，联结贯穿一个生命的始终。

孩子出生后就与妈妈或养育者存在密切的联结。到3岁左右的时候，也就是从上幼儿园阶段开始，就可以发展出朋友了。我们常常听到孩子从幼儿园回来之后自言自语说，我有朋友了。如果妈妈问他今天认识几个小朋友啊？他就会告诉妈妈，他有一个好朋友，叫毛毛，第二天他又会说认识了第二个好朋友，叫贝贝，从此开始有了“朋友”的概念。

孩子是通过临时玩伴来发展友谊和互动的。年幼的孩子开始学习与他人如何相处；他们学到“做朋友”是“有朋友”的一种方式；他们在相处中学会了如何解决关系中的问题，如何把自己放在他人的角度考虑问题；他们也看到了各种类型的榜样；他们学习道德价值观和性别角色标准，并且实践成人角色，小孩“过家家”就是用孩子的视角来实践成人的角色。

孩子上幼儿园发展友谊关系和同伴关系非常重要。幼儿园的孩子通常喜欢与同性别和同年龄的孩子一起玩。他们喜欢同龄找同龄的，同性别找同性别的。彼此间经常有积极体验的孩子更容易成为朋友。3/4的学龄前儿童有相互的友谊。所以，这个时候友谊的概念发展出来了。

年幼儿童在寻找玩伴和寻找朋友上其实很相似。一项研究表明：4—7岁的儿童认为友谊最重要的特征是一起做事情、喜欢和照顾对方、分享和帮助对方。

小孩儿喜欢看的书、喜欢玩的玩具、喜欢吃的食物等都可以彼此分享。我们有时会看到有些家长常常指责自己的孩子不会分享食物、玩具给其他小朋友。这时候我们家长更多要做的是一些指导和推动行为，而不是要求和命令，让孩子自己完成友谊的发展过程。

在4—7岁的儿童中，住得比较近或者上同一所学校的孩子会容易形成玩伴、培养友谊。坐同一排座、上同一个班、在同一个学校、住同一个小区的孩子往往会成为好朋友。

年幼的儿童对身体特征，比如外貌和体型大小的重要性评价要高于年长的儿童，而对感情和支持的重要性评价低于年长的儿童。小一点的孩子对彼此的身高、长相、外貌很重视，他不选择比自己高、比自己重的孩子做朋友。他选择和自己差不多的孩子做朋友，这也叫作相似性。

孩子对感情和支持的需求会慢慢上升，学龄前的儿童更加喜欢和温暖、热心、热情的孩子做朋友；不喜欢和苛刻、有攻击性、喜欢干扰别人的孩子做朋友。

117. 父母如何帮助孩子发展同伴关系和建立友谊

这一节我们仍然聚焦在孩子发展同伴关系和建立友谊的话题，帮助父母加深了解。

学龄前的孩子在和朋友交往时，会很愿意进行积极的“你帮我，我帮你”的亲社会行为的互动；同时我们也看到另外一个现象，也就是他们间会有很多的争吵和冲突。

小朋友在一起玩的时候，他们玩着玩着，突然就开始争吵，然后随着争吵的升级就开始动手了。特别有意思的是，他们吵过、闹过后不一会儿，又开始玩在一起了。这是儿童和成年人非常大的不同。其实，能够玩在一起，能够互动是他们天然“联结”的需求，他们不会在乎彼此间的“利害”“冲突”“矛盾”，而发生“你不搭理我，我不搭理你”的现象，他们在乎的是能否可以再次玩在一起。

谈到这个部分的时候，要提示家长朋友进行回顾和核查：

第一，你是否有时候参与到孩子的争斗当中，充当孩子的“法官”，或者成为孩子的“辩护律师”，跟其他家长评断是非？家长如果这样做，是孩子最不希望的。也许孩子从此就失去了最在乎的朋友。同时，家长之间也因此产生矛盾。

第二，孩子小的时候，父母是如何推动孩子发展他的同伴关系、友谊关系以及社会化互动关系的？你是否允许孩子跟其他小朋友玩？是否担心自己的孩子被欺负？是否害怕自己的孩子被伤害？是否担心自己的孩子被病毒传染？是否担心自己的孩子被坏孩子影响？家长如果存在上述担心，势必对孩子发展人际关系产生影响，孩子会变得越来越胆小，越来越不敢交朋友以及发展他的同伴关系和友谊。

第三，孩子在和其他小朋友玩的时候，你是否一定在孩子身边看着？你是否在旁边不停地告诉孩子不要这样、不要那样？或者在旁边不停地指导应该跟谁玩、不跟谁玩？如果你这样做了，你就限制了孩子社会化互动关系的建立和培养。

第四，你是否因为完美主义不让别的孩子到你家里跟孩子来玩？孩子想邀请别人家的小朋友来自己家玩，而你会说：你既不能去他家，也不能带别的小朋友来我们家，来我们家就会把所有的玩具弄得满屋子都是，弄得乱乱的、脏脏的，妈妈不喜欢看到这样。如果你有完美主义倾向，又特别苛求干净、秩序、整洁，就会让孩子和其他小朋友产生隔离，也会减少你的孩子邀请其他小朋友来自己家玩的这种社会互动体验。

第五，你是否因为心情不好、夫妻关系不好而增加内心的反感和烦躁，不但对自己孩子烦，对孩子交朋友和发展同伴关系也烦？如果是这样的话，孩子就不能发展出全然的、真诚的同伴关系和友谊。

现在一些康复机构会提供孩子人际关系的康复功能训练。我们特别希望家长参与进来，与孩子一起训练，重新给孩子制造一个发展同伴关系、建立友谊的情境，让孩子重新获得这种联结，进而推动孩子人际关系的发展。

118. 自闭症后期康复需要引入家庭治疗

这一节我想从家庭治疗的角度跟家长朋友做些探讨，看看能否帮助你的孩子和你的家庭。

在本书的序中，我介绍过我是一名家庭治疗师。我的受训背景是萨提亚模式。我想通过我作为一名家庭治疗师、心理咨询师的背景，把我所学的专业和在治疗实践中所获得的有关经验与理论，与自闭症儿童的家长们做一些分享，让我们共同评估，共同学习。

我们的目标只有一个：将我们懂得和学到的这些理论知识、经验以及方法，应用到孩子的后期治疗中；帮助孩子的症状好转，甚至“去自闭症”。

为什么谈到家庭治疗呢？现在从全世界范围看，研究自闭症的专家、精神病学的专家一致认为：对患有孤独症谱系障碍的儿童来说，在治疗中应该把家庭治疗的因素纳入进来。这个提法跟孤独症谱系障碍孩子的发展非常契合。它延展了生物和遗传基因对孤独症谱系障碍孩子在后期治疗和康复中所辐射不到的空间。换个角度看就是，生物和遗传的治疗是针对症状的治疗，而家庭治疗是针对“人”的治疗，会关注人性和人的发展。用我之前的观点和角度，要跟大家分享的是：我们任何一个生命都是由母体诞生，都是由爸爸和妈妈的受精卵形成生命胚胎而来到这个世界的，无论是遗传的角度，或者是神经发育的角度，其实我们永远离不开的是父母这两个人。父母带给孩子一个社会文化的环境，就是让孩子有了一个家庭。有了家庭之后，就相应地出现了家庭的角色和家庭的功能，家庭治疗是专门研究家庭角色、家庭功能、家庭关系、家庭动力的。

如果父母能够站在孩子发展的角度，在回顾和整理孩子发育成长的同时，核查我们每一个父母上述四个部分的时候，也许会越来越清晰地认识到：现在应当做一些什么样的、过去没有做的一些补课，或者一些补偿行为，对孩子后续的治疗和康复是有帮助的？

有的父母在没有接触家庭治疗这部分学习的时候，往往把孩子治疗和康复的责任和任务，要么就推给了自己的父母（老人），要么就推给了康复机构，要么对孩子表现出一种排斥、拒绝，甚至是遗弃的心理。我曾经讲过，如果这样的话，对孩子是不负责任和不尊重的。家庭治疗的一个理念就是要尊重每一个生命。

所以，今天我想提示父母的是，无论我们对孩子有多么焦虑、抑郁，或者是失望乃至绝望，我们都要竭尽全力。尽己一力，就可以慢慢地帮助孩子恢复，这是一个长期的过程，需要我们一点一点地努力。我也看到了一些非常尽心尽力的家长，用了我们教的家庭治疗的方法，在孩子的康复上已经看到了曙光。有一个妈妈已经提出了“让残联给孩子撤销残疾证”的申请，这是让我非常感动的。

119. 妈妈爸爸的角色和功能对孩子的影响

家庭治疗是心理治疗流派之一。它是研究家庭动力的心理治疗流派。萨提亚模式家庭治疗注重家庭的系统性，注重家庭成员间的沟通，注重家庭角色和家庭功能。

萨提亚是一位女士，是美国著名的家庭治疗师。她曾经做过小学老师、社工和精神科医生。萨提亚模式家庭治疗，就是以她的名字命名的家庭治疗流派。她被美国《时代周刊》誉为“每个人的家庭治疗师”。

运用萨提亚模式家庭治疗对自闭症家庭进行帮助之前，我们要首先了解一下家庭治疗的流程和做法。

家庭治疗是由治疗师来主导，把家庭成员在需要的时候逐一或者一起邀请进入咨询室，由治疗师跟一个家庭一起工作。以自闭症家庭为例，治疗步骤往往是这样的：

第一步：我们要把妈妈邀请进来，核查妈妈的角色和功能。

一个家庭如果有一个孩子被诊断为自闭症，这个孩子也许就成为了这个家庭的中心，也成为了这个家庭的重心。此时，妈妈这个角色就显得尤为重要。妈妈在自闭症孩子后续的治疗和康复上，既是特别辛苦的，又是无可替代的。治疗师需要跟妈妈核查有没有把自己的角色放到自闭症孩子康复所需要的妈妈的角色上，还是妈妈会因为自己工作忙等原因而把这个角色推给了奶奶、外婆，让她们替代妈妈负责，而妈妈继续做她的工作，做她的生意，干她的事业，完成她的学业？如果是这样，其实对孩子后续的康复起不到积极的作用。

之所以把妈妈放入家庭治疗的第一步，也是因为，只有妈妈才是带给孩子生命的那个重要人物。治疗师可以通过妈妈搜集到孩子从怀孕到出生，从养育到成长的全过程中有没有出现缺失、错过或者不健康养育的情形，进而帮助妈妈评估孩子的症状所形成的原因，帮助妈妈进行分析判断，从而确定今后的康复计划和治疗方案。

当妈妈开始这些学习的时候，妈妈就可以给孩子补上过去所缺失的这一课，无论是大脑的、神经的，还是身体的、心理的，妈妈都是不可替代的、唯一重要的生命早期的治疗师。这是我们邀请妈妈进来的非常重要的一个因素。

第二步：我们也邀请爸爸进来，核查爸爸的角色和功能。

有时我们看到，对于一个自闭症孩子的治疗和康复，妈妈一个人的力量也许很单薄，或者妈妈在照顾自闭症孩子的时候，已经身心疲惫到了极点，这个时候就需要爸爸的角色介入。

我们邀请爸爸进来进行家庭治疗，也是想通过爸爸的描述和回顾，看看爸爸在孩子生命的早期，有没有承担爸爸的角色？如果承担了爸爸的角色，对孩子的影响可能是积极的；如果爸爸在孩子生命的早期没有承担爸爸的角色，而是由爷爷或者外公等其他人来替代，也许在孩子需要爸爸的推动和支持的时候，孩子和爸爸之间的距离会变得越来越远。

所以，当孩子社会化发展、人际互动的功能出现困难或者障碍时，我们就需要爸爸进来做一些引领。如果爸爸的角色能够发挥到位，爸爸跟妈妈一起，对患有自闭症的孩子用积极的、补偿性的、补课性的、建设性的方式和方法，会对孩子后续的治疗和康复产生非常大的推动和促进。

如果爸爸妈妈两个角色同时进来，这两个角色也可以互补。当妈妈力量不够的时候，爸爸进来补充；当爸爸力量缺乏的时候，妈妈进行补充。父母双方还可以把自己过去的学习与现有的认知整合起来，相互探讨，相互借鉴，共同做出新的评估，这对孩子后续的治疗和康复会起到非常大的帮助。孩子可以在这个过程中感受到爸爸妈妈都在尽最大的努力给自己进行治疗，孩子就会体现出持续不断的改善和改进。

120. 家庭治疗需要核查家庭关系和家庭动力

在家庭治疗过程中，不但要看妈妈和爸爸的角色和功能，同时还要看父母之间的关系，还有家庭成员之间的关系，以及家庭的动力。

从关系的角度上讲，家庭治疗要看的第一个家庭关系，就是夫妻之间的关系。衡量夫妻关系需要聚焦在夫妻关系是不是融洽的、是不是流动的、是不是有爱的。如果是这样的话，对于自闭症孩子的康复是有非常大帮助的。

每一个孩子都希望爸爸妈妈的关系好，带给他一个温暖有爱的家。孩子希望看到的是在这个家庭里，爱是流动起来的，彼此既有温暖又有关怀，既有呵护又有支持。如果一个家庭里夫妻关系是冲突的、疏离的、隔离的，孩子会感受到压抑、冷漠，没有温暖。

另外一个关系，我们要看在一个家庭中，特别是多子女的家庭中，爸爸妈妈和每一个孩子的关系是不是等边的，是不是相对公平的。每一个孩子都希望获得来自爸爸妈妈之间平等的爱。这个时候就需要与父母核查：如果家庭里有一个自闭症的孩子，父母对这个孩子在关系上有没有疏远，有没有嫌弃，有没有排斥或者拒绝。从孩子的角度看，这个孩子即使在言语沟通上出现一些困难和障碍，即使出现了孤独症谱系障碍的系列症状，但孩子生命的每一个细胞都能感知爸爸妈妈对他的爱有没有偏离，有没有嫌弃，有没有忽视、拒绝甚至排斥等。所以，我们在治疗中特别希望爸爸妈妈不要因为这个孩子生了病、出现了症状，就减少了对他的关爱，让孩子感觉到自己没有其他兄弟姐妹那么重要。

我们在核查家庭关系时，自然会和家庭动力结合在一起。家庭的动力就是你支持我，我支持你，家庭成员彼此之间是一种支持的关系。

我们看关系的时候，要么从妈妈开始再转向爸爸；要么就从爸爸开始再转向妈妈。如果这个家庭还有隔代老人帮助爸爸妈妈一起带养孩子，我们希望老人和爸爸妈妈的观点以及带养孩子的方法是一致的。让自闭症孩子均衡地获得爸爸妈妈或者每一个家庭成员的爱，这样对他后续的康复是有帮助的。因此，家庭治疗中，有时也会邀请其他家庭成员加入进来，就是让每个家庭成员都能够增加对自闭症孩子的内心关爱，增加对自闭症孩子的尊重，让他更加提升自己的生命价值感。